◎山东大学研究生核心课程教材

体育硕士专业实践案例与分析

张宪亮　成会君　高　岩　主编

山东大学出版社
SHANDONG UNIVERSITY PRESS
·济南·

图书在版编目(CIP)数据

体育硕士专业实践案例与分析/张宪亮，成会君，高岩主编. —济南：山东大学出版社，2025. 3.

ISBN 978-7-5607-8649-0

Ⅰ. G807.4

中国国家版本馆 CIP 数据核字第 2025JF5427 号

责任编辑　李艳玲

封面设计　王秋忆

体育硕士专业实践案例与分析

TIYU SHUOSHI ZHUANYE SHIJIAN ANLI YU FENXI

出版发行　山东大学出版社

社　　址　山东省济南市山大南路 20 号

邮政编码　250100

发行热线　(0531)88363008

经　　销　新华书店

印　　刷　济南乾丰云印刷科技有限公司

规　　格　720 毫米×1000 毫米　1/16

12.75 印张　230 千字

版　　次　2025 年 3 月第 1 版

印　　次　2025 年 3 月第 1 次印刷

定　　价　32.00 元

编委会

主　编　张宪亮　成会君　高　岩

副主编　潘　洋　郝怀霞　韦　超

编　委　（按姓氏笔画排序）

韦　超　牛海涛　成　彬　成会君

朱青莹　刘　峰　孙传宁　初少玲

张　军　张俊英　张宪亮　郝怀霞

徐勤昌　高　岩　韩明哲　潘　洋

前　言

随着健康中国和体育强国国家战略的深入推进,体育的综合价值被深度挖掘和广泛认可。体育与经济、社会、文化、健康等多个领域产生了密切的联系,其纽带和平台作用日益凸显。在此背景下,高层次应用型体育人才的短缺问题日益突出,对体育应用型人才的需求尤为迫切。为了解决这一问题,我们启动了一流应用型体育硕士专业学位研究生专业实践教学案例库建设项目,旨在通过案例教学法,培养具备实战能力和创新精神的体育专业人才。

本教材共分为二十章,每一章均围绕一个特定的主题案例展开,广泛覆盖了体育教学、运动训练、社会体育指导等多个专业领域。从学校体育教学到专业运动训练,从群众体育活动到专业赛事组织,从运动损伤治疗与康复的基础理论到实践应用,本书旨在为体育硕士专业学位研究生提供一个全面、系统的体育实践教学案例库。通过深入剖析案例,学生不仅能够理解体育实践问题的复杂性和挑战性,还能够学习到如何运用运动生理学、运动解剖学、体育管理学等多学科知识,科学地分析问题、制订解决方案。这不仅有助于学生深入理解体育与健康之间的内在联系,也有助于提升他们在体育教学、运动指导、赛事组织等方面的专业实践能力。

本书不仅为体育硕士专业学位研究生提供了宝贵的实践经验,也为体育教育工作者、教练员、运动员以及广大体育爱好者提供了实用的指导和参考。我们希望,通过本书的学习和讨论,读者能够更加深入地理解体育实践中的各种问题,掌握科学的分析方法和实践技能,为推动我国体育事业的发展贡献自己的力量。同时,我们也希望本书能够激发读者对体育实践教学的兴趣和热情,促进体育学科的学术交流和知识创新。

本书参考了国内外许多研究成果,在参考文献中尽量作了注明,如有遗漏,深表歉意。此外,本书得到了山东大学研究生院、山东大学出版社的大力支持,并收到了众多专家学者的宝贵建议。山东大学体育学院的姜晓涵、任晓宇、杨璇、杨紫坤、柴宁、张峰睿、尹淑婷、吴沁玫、刘子怡、李辰飞、杜黎涛参与了案例的搜集与修订，在此一并致谢。

在未来的日子里，我们将继续关注体育实践领域的新发展、新问题，不断更新和完善案例库，为体育硕士专业学位研究生提供最新的教学资源和学术支持。我们期待与广大读者一起，共同探索体育实践教学的新路径，为建设健康中国贡献力量。

最后，愿每一位读者都能从本书中找到自己的兴趣所在，学有所获，学有所用。让我们一起开启这段体育实践教学的探索之旅。

编　者

2024 年 11 月

目　录

第一章　情境教学模式在体育课教学中的探索与应用

在深化教育教学改革的背景下，情境教学模式是贯彻以学生为主体教学理念的重要手段。本案例展示了王老师在篮球行进间运球教学中两种教学模式的对比，呈现了从“传统教学”向“情境教学”转变的过程，启发体育教师要创新教学模式，利用趣味性游戏、启发式问题等手段创设丰富多样的教学情境；通过组织分组竞赛，培养学生的团队精神、合作意识以及体育学科素养，为体育硕士专业学位研究生的体育教学专业实践提供经验借鉴。

一、案例背景

2021 年 6 月，教育部颁布《〈体育与健康〉教学改革指导纲要（试行）》（以下简称《纲要》），要求通过深化体育教学改革，转变教学观念，构建科学有效的“体育与健康”课程教学新模式。《纲要》要求教师改变单一学习知识或某项技术的现状，从综合育人、培养体育核心素养的角度有效推动体育教学改革目标的实现。《普通高中体育与健康课程标准（2017 年版）》将体育学科核心素养概括为运动能力、健康行为和体育品德三大方面。如何真正培育学生体育核心素养，是当前体育教学面临的困境之一。

情境教学法源自情境认知理论，强调学生的主体地位，要求教师基于生活经验创造丰富、有趣、真实的活动情境，构建出生活化、实践化、探究性的课堂，帮助学生逐步形成正确价值观，培养学生必备品格和关键能力，从而在潜移默化中培养学生的体育核心素养。在体育教学改革的背景下，将情境教学法用于教学实践中，不仅是激发学生学习兴趣、强化知识与技能学习的有效方法，更是培育体育核心素养的重要手段。

本部分以济南市某中学体育教师王老师的教学为例，展现了其从传统教学法向情境教学法的转变及教学情境设计和应用的过程。王老师是该中学一名年轻的体育老师，虽然入职时间不长，但对教学充满热情。由于缺乏教学经验，他在教学过程中屡屡碰壁，学生的学习热情不高，教学的效果也不尽如人意。在经验丰富的老师的启发帮助下，王老师意识到要想激发学生的学习兴趣，就必须了解学生的需求。因此，王老师积极参与教学科研，探索创新教学模式，将情境教学应用于篮球行进间运球的教学过程，并取得了良好的教学效果。

二、案例正文

(一)传统教学法教学效果不理想

行进间运球是篮球教学中最基本的技术动作，也是学生必须掌握的技术动作之一。一些学生在小学阶段就学会了这一技术动作，学习积极性不高，王老师在前面教授技术要领，学生在后面交头接耳开小差；另有将近一半的学生对篮球一无所知，拿到篮球后一头雾水。王老师心想：这样上课确实效率太低了，用什么办法才能提起孩子的兴趣呢？

片段一

师：同学们下午好，今天我们学习行进间运球。我先来讲授一下行进间运球的技术，大家注意听讲，一会儿我们按列队沿着这条20米的运球线来分组展示。运球过程中手脚的协调配合非常重要，要使你的跑动步法与球弹起的节奏一致。动作要领可简记为"三前两后"。"三前"是指上体稍前倾，目视前方，使球落在身体的同侧前方。"两后"是指手按拍球的后上方，后腿蹬地使球前进。另外，还要使球的反弹高度在腰胸之间……

下面我先给大家示范一下，大家注意领会动作要领。

生：(叽叽喳喳，交头接耳)

师：好，大家都看明白了吗？接下来大家排好队，我们分成四组，列队运球前进，一组在运球时，其他组的同学也要注意观察，看看他的动作有哪些不规范的地方，这可能也是你接下来需要注意的问题。

生：(嘻嘻哈哈，各玩各的)

(第一组运球中)

师：抬头！看前方，不用盯着球！球丢了捡回来继续运就行！把手掌打开……

（第一组运球结束）

师：来来来，集合！刚刚第一组我发现还是有很多问题的，大家发现了吗？

生1：×××跟着球跑了。

生2：×××球拍得太高了。

生3：×××左右手同时开弓。

……

师：好，不错，看来大家都能发现一些典型的问题。那后面的同学要格外注意这些问题，你要控制球，不要让球控制你，运球过程中一定要目视前方，把你的手指张开至篮球的后上方，不要用手掌拍球。第一组有几个同学注意一下，球的反弹高度要落在腰胸之间。

虽然王老师一遍遍地强调技术动作，不厌其烦地进行示范，但一节课下来，能规范化完成20米运球的学生寥寥无几，而且多数学生的错误动作都很相似。隔壁上乒乓球课的刘老师看不下去了："你这样纯讲理论，课堂太枯燥了，学生都要睡着了，你得换种方式让课堂气氛活跃起来。"刘老师的话点醒了王老师，课后王老师根据其他老师提出的建议进行了深刻的反思。虽然传统的教学方法有利于课堂知识结构完整，教学思路清晰，但容易忽视学生的主体性，导致学生的积极性不高。与其他学科不同的是，体育课对技能展示的要求较高，这就要求教师改变传统的"灌输式"教学模式，广泛搜集教学素材，精心创设教学情境，围绕情境设计开展篮球教学，在实践活动中潜移默化地提升学生的运动技能。

（二）情境教学法的探究及实施

经过一番反思和学习，王老师意识到不能把知识视为孤立的事物，应把知识寓于一定的情境中，或是实际的生活情境，或是游戏情境，使学生能置身于学习的氛围中，激发学习的兴趣，从而提高学习效率。通过查阅资料和咨询其他老师，王老师搜集了大量与篮球教学相关的情境素材，并尝试把情境与教学内容相匹配，但新的问题随之而来——情境之间相对独立，导致教学内容之间难以衔接。此时刘老师的一句话点醒了王老师：不能为了情境而创设情境。教学情境必须服务于教学目标与教学内容，通过情境问题的探究，帮助学生学会理论知识和技术动作。因此，王老师需要精准设计篮球行进间运球课程中情景教学的实施过程。

1.创设游戏情境

教学情境的创设是实施情境教学法的重要环节。在前一次上课时，王老师基本上依赖于教材内容,很少考虑学生的兴趣和诉求。经过反思调整,王老师意识到游戏是中学生所喜爱的。在篮球课堂中,很多同学都希望教师可以多融入一些游戏内容,以此丰富课堂活动形式,增加课堂的趣味性。为此,王老师依据教学目标和教学内容,充分汲取上节课的经验教训,从学生主体出发,重新设计教案,将游戏情境融入篮球运球教学中,以提高课堂教学质量。

片段二

师:同学们下午好。上节课我们学习了篮球的行进间运球技术,技术要领大家还记得吗?

生:……

师:这么快就不记得了吗?那我们今天换个玩法。大家先通过报数随机组成四支队伍,我们一起复习行进间运球的技术要领。然后你们分组学习,互相帮助,自行领会。分组练习结束后,我们进行小组间的比赛,如果你们其中一个人技术动作不规范,就可能导致整个小组的失败,所以要认真听,不明白的赶紧问,好吗?

生:好的,老师。

(小组练习中)

师:好的。我看大家刚才的讨论学习都挺认真,下面我们进行一个小小的比赛。我来讲一下今天的游戏规则。我们的游戏叫"行进间运球接力拼图比赛",规则很简单。起跑线前的箱子里放着几块拼图,出发前每人从箱子里拿一块拼图,快速运球到前面的标志物处,把拼图贴在展板上,然后再绕杆快速运球回来和队友击掌接力。注意,最后一名队员要完成拼图再返回,用时最短的队伍获胜。对于规则,大家还有什么疑问吗?

这个游戏瞬间提起了学生们的兴趣,同学们对于游戏规则、排兵布阵等问题"叽叽喳喳"讨论个不停,都渴望在比赛中取得好的名次。

生 1:啊,最后一棒要拼图,我脑子转不过来。

生 2:你们谁想当最后一棒啊?

生 3:大家不要慌啊,贴稳了再跑,不然掉了再回去捡就太浪费时间了。

……

师:我看大家讨论得挺激烈的,咱们开始吧。

生:好的!(求稳啊,别着急;千万别忘拿上拼图再跑……)

(10 分钟后)

师:好的,那我们恭喜今天获胜的队伍。我最后来进行总结,这节课的效率明显比上节课高,在最后的比赛中只有两名同学中间丢球了。对于拍球部位、落球方位、球的反弹高度,大部分同学都做得不错,说明大家的技术都提升了很多,可见这种小组竞争确实能激发大家的潜力。今天的比赛,我也录制了视频,下节课我们上室内课,大家一起通过视频来找一下自己技术动作的不足,进一步巩固完善。

王老师很满意这节课的教学效果,发现创设"行进间运球接力拼图比赛"的游戏情境,确实能够激发学生的学习兴趣,帮助学生把注意力集中于课堂本身,更深刻地领会行进间运球的技术动作要领。这不仅帮助学生掌握了运球技术,提高了控球能力,也培养了学生积极主动的学习态度,提升了团结协作的意识和能力。

2.创设问题情境

王老师还发现,比起枯燥的文字,用问题情境引导学生自主分析问题、独立思考能够取得更好的教学效果。为进一步帮助学生发现并改进自己技术动作的问题,王老师特地把学生们的运球动作录了下来,并将关键环节设置成慢动作,计划拿到课堂上和同学们一起讨论。为了让同学们在大脑中形成行进间运球的正确技术动作,王老师专门下载了一个专业规范的行进间运球技术动作视频,并对正确的技术动作进行分解,便于学生进行对比分析。

片段三

师:同学们下午好。今天这堂课我们来深入学习一下行进间运球的技术动作。通过上节课的比赛录像,我们一起来分析一下自己的技术动作存在的问题。在分享你们的"作品"之前,我们先来看一段标准的分解动作示范,大家以此为范本去寻找自己的问题。

(分解动作示范视频播放中)

师:好了,看完这个视频,相信你们自己心里也都有一杆秤,明白一个规范动作的评判标准。那么,有没有同学自告奋勇展示一下自己的视频?

生 4:我来吧!

师:好的,生 4 非常有自信,那我们先来看一下生 4 的动作。看完之后,同学们可以自由发言,帮助生 4 找找问题,想想他的问题是不是也是你的问题。

(生 4 行进间投篮技术动作视频播放中)

生 5:我感觉生 4 运球时,球的落点离身体太远了。

生 6:姿势不标准,屈膝少弯腰多。

师:对,这两名同学观察得非常仔细,这也是大部分同学容易出现的典型错误,后面同学的视频大家也要认真看一下。很多同学的弯腰动作明显,要记住运球时不要弯腰,而是上体稍前倾,两膝微曲。运球时,手拍按球和脚步动作要保持一定的比例关系和节奏,不要赶着球跑。直线运球时,一般拍一次球跑两步。好,我们继续来看后面同学的视频。

在组织大家观看视频时，同学们一个个聚精会神，王老师感到很欣慰。从“知识灌输”到“情境探究”，王老师不仅教会了学生行进间运球的技术动作，自己在备课过程中也挖掘了一些新的教学手段和方法，受益匪浅。深化体育教学改革，要求教师改变单一学习知识或某项技术的现状，构建科学、有效的课程教学新模式，从综合育人、培养体育核心素养的高度有效促进体育教学改革目标的达成。在贯彻新教学理念的教学实践中，王老师深刻认识到，“完全以教师为主体的课堂”是行不通的，而情境教学法是实现师生互动、培养学生体育核心素养的重要手段之一。

（三）结语

探索和创新教学模式的过程纵然充满了困难和挑战，但每当感受到学生们对体育课的热情时，王老师便体会到了作为一名人民教师的成就感和幸福感。王老师深知扎实的理论基础是情境教学的前提，不能盲目地摒弃传统教学法，将情境教学法与传统教学法融合互补，可以更好地达成教学目标。同时，在创设教学情境的过程中，王老师也发现了新的问题：如何一步步提升问题难度并使之与学生认知能力相匹配？面向未来，在探索创新教学模式的道路上，王老师还有很长的路要走。

三、案例使用说明

（一）教学目的与用途

（1）结合实例，理解情境教学法的基本环节，学会体育教学中情境创设和实施的方法。

（2）比较不同教学法的差异，认识其教学特点和适用范围。

（二）案例思考题

（1）你认为王老师在第一节篮球行进间运球教学课堂上，教学效果不理想的原因可能有哪些？

（2）王老师在教学中所创设的教学情境具有哪些特点？

（3）试比较传统教学法与情境教学法的异同。

（4）若由你来教授篮球行进间运球这堂课，除本案例所创设的教学情境外，还可创设哪些教学情境？

（三）分析思路

使用本案例时，可根据具体课程内容的需求，结合相关的理论与方法，从以下几个方面进行分析。

（1）教学效果不理想是诸多因素共同作用的结果，学生自身和教师教学方法等因素都会影响教学效果。在本案例中，从学生自身方面分析，部分学生已经学过篮球课程或者对教学内容缺乏兴趣是导致学生学习参与度不高的原因。从教师角度来看，王老师入职不久，缺乏教学经验是一方面因素，更深层的原因是王老师没有找到适用于学生和本门课程的教学模式。

（2）在本案例中，王老师基于篮球行进间运球的技术特点和学生学习特点精心创设教学情境，体现了教学情境的形象性、教学的趣味性和学生学习的主动性。王老师通过创设教学情境，将课本里生硬的理论转化为生动活泼的游戏、视频和启发式问题探讨，激发了学生的学习兴趣，培养了学生主动学习的能力，使教学质量得到提高。

（3）情境教学法以学生为主体，在教学中重视学生的情感体验，传统教学法以理论知识为教学活动的重点，过多强调知识的灌输和技能的掌握；情境教学法注重联系日常生活，根据教学内容和教学目标创设符合学生特点和教学内容的教学情境，使学生学习充满热情，传统教学法割裂了学习和生活的关系，过度依赖教材内容，学生学习缺乏热情。运用情境教学法的课堂生动活泼，在传统教学法下的课堂枯燥乏味。

（4）创设故事情境。将有趣典型的体育故事用于情境教学中，不仅能加深学生对知识和技能的理解，激发学习兴趣，更能够启发学生体会故事背后蕴含的哲理，培养学生团结合作、勇于拼搏的精神。例如，以某位篮球运动员的亲身经历来创设故事情境，描述该运动员在训练中如何克服技术动作的困扰，一步步成长为球队的主力。

（四）理论依据

1.体育教学模式

体育教学模式是在某种体育教学思想和理论指导下建立起来的体育教学程序，它包括相对稳定的教学过程结构和相应的教学方法体系，主要体现在体育教学单元和教学课的设计及实施上。

2.情境认知理论

情境认知理论认为，学习的实质是个体参与实践并与他人、环境等相互作用的过程，是个体形成实践活动能力、提高社会水平的过程。情境认知理论强调必须赋予学习者探究的权利，激发学习者主动学习的动机，为学习者提供多元的学习资源。例如，设计有趣、真实的问题情境，提供适当的示范、指导，使学生在学习过程中产生成就感。

3.情境教学法

情境教学法是教师在教学过程中，结合语言、实物、图片、音乐和视频等多种方式创设出一种与教学内容有关的情境，让学生在特定的情境中学习和理解知识，以提高学生对知识的理解能力，同时增加教学内容的趣味性，有效激发学生的学习兴趣。情境教学法强调学生的主体地位，要求教师基于学生现有的经验，构建出生活化、实践化、探究性的课堂。

4.情境教学法的设计原则

一是要立足教学内容。不管设置什么样的情境，首先要符合教学内容，一旦和教学内容出现偏差，设计的情境就会失去作用，这种脱离教学内容的情境也会让学生对知识产生理解上的偏差。二是要基于学情分析。教学情境的设计应基于学生的认知水平、知识点的掌握情况，对教学过程中可能遇到的困难及解决方法要有充足的准备。三是要注重灵活多样。教学情境的设计不能局限在单一的情境中，要基于教学内容和学生的实际情况创新运用多种情境。

5.学科核心素养

学科核心素养是学科育人价值的集中体现，是学生通过学科学习而逐步形成的正确价值观念、必备品格与关键能力。学科核心素养不是先天形成的，主要通过后天的教育形成，有效的教育教学有助于促进学生学科核心素养的形成。对于篮球知识和技术，学生会随着年龄的增长而生疏和淡忘，但学生在学习过程中通过运动的学练所形成的学科核心素养，不仅使学生学习新的运动项目变得更容易，而且有助于学生在各方面更好地发展。

（五）关键要点

本案例以体育课的篮球行进间运球为例，描述了教师通过创设游戏情境和问题情境，从传统教学法向情境教学法转变，从而引导体育硕士专业学位研究生掌握教学情境的创设和实施方法，学会依据教学内容和学生实际设计教学情境。

(1)关键知识点：借助案例的学习，明确教学情境的创设与实施方法。

(2)关键能力点：情境创设能力、教学设计能力、教学评价能力。

(六)建议课堂计划

本案例可以在专门的案例讨论课上使用。表1是按照时间进度提供的课程计划建议,可供参考。整个案例课的课堂时间控制在90分钟内。

表1 课程计划

	主要内容	时间安排
问题导入	教师向学生简短介绍本案例学习的主题,包括案例的大致背景、主要内容、案例涉及的主要问题以及案例涉及的相关理论	15分钟
分组讨论	小组成员对案例描述的现象和提出的问题进行分析讨论,并针对问题提出主要观点和分析思路,最后整合小组总体看法	20分钟
小组陈述与辩论	各小组选取一名代表,简明扼要地阐述本小组对案例的分析和对问题的思考,还可将本案例中值得深入思考的问题提出来供全体学生进一步讨论交流。各小组汇报完后,对案例中涉及的问题以及讨论过程中同学提出的观点进行自由辩论,引导学生对本案例有进一步的理解	40分钟
归纳与总结	教师首先应对各小组的讨论学习情况进行点评和总结,提出各小组的优缺点;其次,提出自身对本案例学习的看法,引导学生进一步思考	15分钟

参考文献

[1]张明双,雷超,邓振山.情境教学法在生物学教学中应用的研究进展概述[J].生物学教学,2024,49(01):92-94.

[2]刘忠骅.情境教学在高中历史课堂中的应用[J].中国教育学刊,2023(05):105.

[3]史洋.情境教学法在高校思政课中的应用[J].中国高等教育.2015(Z2):74-75.

[4]王宝珠,王宏毅,钟志鹏,等."三位一体"复合型体育教学模式的构建与实践——以大学羽毛球选项课为例[J].体育学刊,2023,30(06):128-133.

[5]刘艳妮,赵犇,熊文.我国体育学科核心素养的概念论争及实践检视[J].体育学研究,2023,37(06):81-90.

第二章　儿童体适能培训方案的设计与应用

相较于之前的体能训练，“体适能”一词近年来被推向社会热点。在发育较快的儿童阶段开展体适能专项训练，可以有效帮助儿童树立“加强锻炼，自立自强”的良好思想，培养儿童积极的动手能力和拼搏进取精神，对提高儿童身心健康有重要意义。本章以儿童体适能培训为案例，讲述了教练在课程教学中使用不同的训练方法来培育儿童不同的能力素养，为体育硕士专业学位研究生根据儿童阶段身心发展特点制订合理有效的体适能培训方案提供经验借鉴。

一、案例背景

《2022年中国儿童健康成长白皮书》指出，超过一半的儿童有近视问题，且呈现高发趋势，低龄化现象凸显；近七成儿童存在驼背、脊柱侧弯等脊柱问题；超两成的中小学生存在不同程度抑郁症状，且随年龄增长抑郁倾向不断凸显。因此，增强儿童身体素质、促进儿童身心健康刻不容缓。

2021年由中共中央办公厅、国务院办公厅印发的《关于进一步减轻义务教育阶段学生作业负担和校外培训负担的意见》指出，要减轻学生作业负担，对课外学科类补习班严令禁止，支持体育类校外培训教育，鼓励学生在业余时间参与体育活动。随着生活水平的提高和群众需求的变化，保证身体健康成为全社会共识。为促进孩子们的身心健康，许多家长选择让他们参与儿童体适能培训教育。

世界卫生组织将体适能定义为身体有足够的活力和精神处理日常事务而不会过度疲倦，还有足够的精力享受余暇活动和应对突发紧张事件的能力。体适能是完成各项运动技术动作的基础，不仅与运动能力密切相关，也与人们日常工作与生活息息相关，是人们健康、高效地生活、工作、学习以及娱乐的基础与保障。儿童体适能是一切运动的基础，在孩子的成长过程中，进行儿童体适能训练，可以全面提高孩子的身心健康水平，锻炼其反应力、平衡能力、节奏感、反向定位能力、辨别能力、手眼协调性等核心素质。

二、案例正文

（一）体适能训练

李先生最近苦恼不已，6 岁的儿子整天挑食，性格内向，不爱运动，经常"一言不合"就哭闹起来。一次偶然的机会，在其他家长的介绍下，李爸爸给孩子报名了儿童体适能培训。周天晚上 7:00，居民区里的儿童体适能俱乐部灯火通明，显得格外亮眼，里面传出孩子们叽叽喳喳的打闹声和大人们为孩子们加油的呐喊声。李爸爸带着孩子推开俱乐部的大门，热闹的景象映入眼帘。许教练向李先生介绍道："咱们这个培训主要以平衡车为主，能够提高孩子们的各种身体素质和促进心理健康成长。我先带您参观一下，一会儿让孩子体验一下课程。"

休息时间到，在许教练的哨声下，所有孩子立马放下手中的东西，自排一队，"下面，我向大家介绍一名新朋友，他叫李泽新（化名），在××小学读一年级，大家鼓掌欢迎！"许教练说完便向躲在李爸爸身后的李泽新招手示意。李泽新似乎有些害怕，但又有点跃跃欲试的感觉。最后，在同学们的热烈欢迎下，李泽新主动地走到了队伍当中。接下来，许教练开始了本节课程的训练安排。

在大汗淋漓中，孩子们今晚的课程结束了，但李泽新好像还意犹未尽。他对爸爸说："爸爸，咱们明晚还来玩好不好？"李爸爸看向孩子，痛快地答应了。随后，李爸爸和许教练订了一个学期的课程，许教练也把李爸爸拉入了班级群。

第二天一早，许教练把本周训练计划发到家长群里：周一平衡车训练，周三功能性训练，周五趣味亲子运动会，周天亲子爬山。同时标注：每日孩子训练时必须有家长陪同。

1.平衡车训练

周一，李泽新和李爸爸早早地就来到了俱乐部，在许教练的安排下，李泽新今天要掌握平衡车的骑行方法。许教练将动作分为坐、蹬、握、滑四步，李泽新听得津津有味。"让教练先把你的爱车调成适合你坐的高度。"许教练笑着对李泽新说道，随后他将平衡车坐垫高度调至李泽新膝盖微弯曲的位置，让李泽新戴好头盔后坐在平衡车上。同时说明要领："身体向前，往下倾压，身体距离车把十厘米左右。两腿分开，一只脚在前，一只脚在后，前脚脚掌全部着地，后脚脚跟抬起，作准备出发往后蹬的姿势。”许教练耐心地讲解：“手臂与车把水平垂直，手掌虎口向前。对了！你真棒！”许教练及时给予鼓励。李泽新学得有模有样，很快便能简单地滑行起来。在对每个孩子进行指导后，许教练安排了任务：“每个人现在围着赛道滑行10圈，不准为了超人发生碰撞！”一声哨响，每个孩子都开始认真地滑行起来。

许教练观察了两圈确认没有问题后，便走到家长休息区。“我给大家讲一下平衡车训练的好处吧。平衡车最大的好处就是可以锻炼孩子的平衡感和身体协调能力。它没有脚踏板、车链，也没有辅助轮，平衡、行驶速度和刹车完全由孩子的双腿和身体控制。平衡车滑行也被称为一项益智运动，可以促进小脑的发育，提高智力水平；长期骑平衡车可以使肩、脊、四肢得到全面的锻炼，增强身体灵活性、技巧性。”家长们对许教练的讲解表示认同。周一的训练任务圆满结束。

2.功能性训练

功能性训练是运动训练的一个分类，包含力量训练、爆发训练、敏捷训练、平衡训练、核心训练等，它通过模仿日常生活、工作、运动中的一些动作来进行，通过这些训练，可以增强身体功能，使肌肉协同工作，不仅可同时调动上肢和下肢的多块肌肉，而且可以锻炼肢体的稳定性。

周三，趣味十足的功能性训练日到来，孩子们依旧在家长的带领下准时到达俱乐部，随后许教练给家长们分发本节课的训练计划（见表1）。

表1 训练计划

	内容	发展目标	教学流程	动作要领	时/组/强度	备注
热身	小桶捉迷藏	趣味性、灵敏性、心肺耐力	在场馆放置若干小标志桶，听老师发出颜色指令，孩子寻找并将正确颜色的小桶带回自己的小家	跑：上体稍前倾，眼向前看，两手轻握举，两臂屈肘于腰侧，前后自然摆动。腿向后用力蹬地，向前摆腿方向正，幅度大，膝放松，前脚掌先着地，脚尖朝前，落地要轻，呼吸自然而有节奏	10分钟/两组；强度：中等	要让学员跑起来，听口令，并观察学员的呼吸情况

续表

	内容	发展目标	教学流程	动作要领	时/组/强度	备注
路径	1.原地跳转180度 2.螃蟹爬 3.S形跑	核心力量、身体控制、平衡能力、下肢力量	学员一路纵队，依次出发，先在大圆圈内完成原地跳转180度，再去体操垫上螃蟹侧向爬，最后绕标志桶S形返回	1.原地跳转180度 2.螃蟹爬：侧对前进方向俯撑姿势准备。同手同脚同时向侧向前进。注意身体与地面平行，眼睛看手，指尖向前 3.S形跑：一列摆放3个标志桶。学员绕标志桶成S形，快速跑过	10分钟/五组；强度：中等	1.螃蟹爬时如果学员手臂力量较弱，可选择手架高进行侧向移动；若手臂力量较强，可选择脚架高进行侧向移动 2.提醒学员快速通过。不可以碰到标志桶
体能操	韵律操	节奏掌握、肢体协调、轻松欢快	学员一列纵队，成体操队形散开，老师带领练习韵律操	开始：小碎步四拍； 第一段：八次开合跳上拍手； 第二段：八次手叉腰前后弓步跳	10分钟/两组；强度：中等	重复教学，动作协调
核心柔韧	1.仰卧举腿 2.分腿体前屈 3.小弹簧	提高肌肉弹性，放松肌肉，提高柔韧性	学员依次坐在垫子上，老师示范动作，带领学员进行放松练习	1.仰卧举腿：躺在垫上，双手掌心向下贴住垫子。双腿伸直，并拢向上抬起，然后慢慢放下 2.分腿体前屈：坐立分开双腿，上体向前趴，双手手臂伸直，指尖触摸脚尖 3.小弹簧：双膝跪坐在垫上，屁股坐在脚后跟上，双脚并拢后躺	10分钟/两组；强度：中等	动作标准，纠正动作时不要代替学员用力

许教练简单地介绍了今天的课程计划后，带领孩子们认真地训练起来，场面好不热闹。家长们也跟着孩子们动了起来。训练结束后，李泽新因活动量大，肚子早饿得咕噜咕噜叫，他跟着李爸爸来到餐饮区吃起了香蕉和饼干。吃着吃着，还不忘拿起一根香蕉递给今天帮助他纠正动作的小伙伴。

3.趣味亲子运动会

周五，到了举办趣味亲子运动会的日子，家长们都提前换好运动服和孩子们一同前往俱乐部。许教练早早就把今天需要用到的器材摆到了相应位置。

“今天咱们所有的同学要跟爸爸妈妈共同完成训练任务好不好?”许教练问道。“好!”孩子们大声地回答道。许教练先带领着孩子们温习了周一教给大家的平衡车滑行方法，并让孩子们匀速滑行 10 圈当作热身运动。在孩子们滑行的同时，许教练带领家长们进行简单的热身活动，防止家长们出现受伤的情况。

准备完毕后，许教练让孩子们站成一排，家长们站在孩子们的身后。“今天我们分成三组，希望待会观看比赛的同学可以给上场的同学加油打气，好不好?”“好! 友谊第一，比赛第二。”孩子们异口同声地说道。在许教练详细地介绍完比赛的项目和规则后，第一组上场了。起跑线上，孩子们个个表现出蓄势待发的样子，家长们也在接力点积极准备，他们要在保证速度的同时完成智慧、平衡、力量、核心稳定等其他因素的比拼。比赛开始，孩子们如拉满弓的箭飞奔出去，李泽新却因为发力过猛摔倒在起跑线前方。原本爱哭闹的他，这次却第一时间爬起来，没哭没闹，继续向李爸爸跑去。李爸爸看到这一幕，心想:“儿子这么努力，我也得努力与孩子一起争个第一。”李泽新与爸爸完成第一棒接力后，不断地给李爸爸加油:“爸爸加油! 爸爸加油!”李爸爸听着儿子的加油声，仰卧起坐也是越做越有劲。

三组比赛结束了，李泽新和李爸爸并没有争得前三名，但许教练对李泽新摔倒后没哭提出表扬，并在他的额头上贴了一朵小红花作为奖励。“今天咱们的李泽新同学非常勇敢，摔倒了也不哭，虽然没取得好的成绩，但大家依然要向他学习!”许教练当着所有同学和家长的面夸奖道。“我才不会哭呢。”李泽新一脸不服气地说道。许教练和李爸爸相视一笑，因为他们都知道，训练起作用了。

(二)家长会上的表扬

李泽新学校开家长会这一天，李爸爸找到李泽新的位置坐了下来。班主任介绍完班级最近的整体学习情况后，特别对李泽新提出了表扬:“李泽新同学最近表现优秀，积极承担起班级的卫生劳动工作，主动帮助他人。能看得出李爸爸最近做了不少工作，希望各位家长向李爸爸学习经验。”

家长会后，很多家长主动向李爸爸请教："我家孩子就是不听话，您能给点经验吗？"李爸爸也毫不吝啬，将在俱乐部的事情和在家里对李泽新的管理分享给其他家长，最后还不忘说道："孩子平时学习也挺累的，可以让他们多去锻炼锻炼，我觉得对身心成长有好处。"很多家长表示赞同。

(三)结语

一个学期的体适能课程结束后，李泽新长高了不少。李爸爸看着李泽新日渐强壮的身体不由得高兴起来，而且令李爸爸更欣慰的是，李泽新比以前更加懂事了。新的一期培训班开班后，班级里多了几张熟悉的面孔，那是李泽新的同班同学。

三、案例使用说明

(一)教学目标

(1)了解儿童体适能的含义以及体能与体适能的不同。

(2)了解儿童体适能培训的基本课程构架以及课程目的。

(3)了解如何根据儿童特点制订个性化的体适能训练方案。

(4)学会从树立儿童正确价值观、培养动手实操能力等角度出发，促进儿童健康成长。

(二)启发思考题

(1)体适能训练是儿童培训中的潮流项目，简述体能和体适能的概念与不同之处。

(2)分析儿童体适能训练计划设计中应该遵循和注意哪些原则。

(3)针对体适能训练中易出现的问题，寻求解决办法，制订训练方案。

(三)分析思路

使用本案例时，可根据具体课程内容的需求，结合相关的理论与方法，从以下几个方面进行分析。

1.体能与体适能

(1)概念：体能在《体育保健学(第6版)》中被定义为人体各器官系统的机能和在肌肉活动中表现出来的能力。体适能被世界卫生组织定义为应对日常工作学习之时，身体不会感到过度疲倦，并且还有余力去享受休闲及应付突发事情的能力。

（2）关系：从概念的内涵来看，体能相对体适能来说是一个一般属性的概念，体适能相对体能来说是一个特殊属性的概念。从其外延来说，体适能包括健康体适能与竞技体适能；而体能则包括基本素质与基本能力（含特殊能力、适应能力等），其外延更为宽泛，它包含了体适能。因此，体能与体适能之间的概念关系属于包含与被包含的关系。

（3）区别：体能是通过力量、速度、耐力、协调、柔韧、灵敏等运动素质表现出来的人体基本的运动能力，是运动员竞技能力的重要构成因素。体适能主要包括与健康相关的体适能（健康体适能）和与运动相关的体适能（运动体适能）两部分。健康体适能由身体成分、心肺适能、肌肉适能（包括肌肉力量适能和肌肉耐力适能）、柔韧适能组成，在日常生活中具有重要意义。运动体适能（也称竞技体适能）主要包括灵敏性、协调能力、爆发力、反应速度、平衡能力、位移速度等，在竞技运动中具有至关重要的意义。

2.儿童体适能计划制订原则

（1）安全性原则：儿童的训练与成人不一样，需要顾及许多方面。安全性主要体现在教练的安全意识、场地安全以及器材安全等方面。训练方式以及场景选择都要考虑安全问题，把孩子的安全放在第一位。

（2）科学性原则：要根据儿童的年龄特点进行有针对性的训练，比如儿童青少年不宜进行强度较大的力量训练，而学龄前的幼儿训练则要以功能性训练为主。

（3）趣味性原则：爱玩是孩子们的天性，因此在安排儿童体适能训练的时候，为了能让孩子们更好地参与训练，乐于训练，一定要使活动具备趣味性。游戏和比赛是儿童体适能训练的重要载体。只有项目有趣，孩子才愿意参加；只有项目有趣，才能让孩子在玩耍的过程中锻炼了身体。

（4）全面发展性原则：儿童体适能训练更注重锻炼孩子身体素质的全面发展。体适能训练与单一的运动不同，它不仅仅是锻炼某一项运动技能，更是通过提高身体素质来增强整体运动表现。此外，其对儿童时期良好身体素质的保持至关重要。儿童体适能训练可以锻炼孩子的力量、速度、耐力、平衡、柔韧、协调、反应等身体素质，对孩子的健康成长大有裨益。

（5）针对性原则：为孩子制定专属成长目标，更有利于个体的成长。儿童体适能训练应根据孩子的年龄特点和身体素质制订训练计划，帮助孩子更科学地锻炼身体。

(6)育人性原则:儿童体适能训练是体育的一部分,体育又是教育的重要组成部分。因此,儿童体适能训练不仅可以提高孩子的身体素质,也可以培养孩子团结协作、积极向上、努力拼搏的优良品质。

(四)理论依据

健康体适能即与健康有关的体适能,主要包括五个方面。

(1)心肺适能:心肺适能指身体摄取氧与利用氧的能力。通常心肺适能与有氧工作能力意思相同。心肺适能越强,完成学习、工作、走、跑、跳、劳动时就会越轻松,并能够胜任强度较大的工作,且对较为剧烈的运动能够逐步适应。

(2)肌肉力量:肌肉力量是指竭尽全力进行抵抗阻力活动的能力。肌肉强壮有助于预防关节的扭伤、肌肉的疼痛与身体的疲劳。

(3)肌肉耐力:肌肉耐力就是肌肉承受某种适当负荷时运动重复次数的多少,持续运动时间长短的能力。肌肉适能包括肌肉力量和肌肉耐力,它的重要性在于避免肌肉萎缩、松弛,维持较匀称的身材,有利于防止身体疲劳,减少运动伤害发生,提升身体活动能力,提高生活质量。

(4)柔韧性:柔韧性指用力做动作时扩大动作幅度的能力,包括身体各个关节的活动幅度以及跨过关节的肌肉、肌腱、韧带、皮肤与其他组织的弹性与伸展能力。柔韧性对于提高身体活动水平、维持正确的体态、减少运动器官损伤、提升动作效果都有重要意义。

(5)身体成分:身体成分指组成人体各组织器官的总成分。总重量为体重,含脂肪成分与非脂肪成分。体适能与体内脂肪比例的关系最为密切。脂肪过多,心肺功能的负担就越重,要维持适宜的体内脂肪,就必须注意能量的吸收与消耗的平衡。

人体的脂肪重量占体重的百分比被称为体脂百分比,余下的包括骨、水分、肌肉等,称为去脂体重。体适能的强弱与合理地控制体重及体脂百分比关系密切。体重得当,身体成分适宜就是健康的标志。肥胖会给健康带来威胁,体重过轻也不利于健康,对脑力、体力均有负面影响,且伴有体质虚弱、骨密度较低的发生。

总体而言,衡量健康体适能状况的五大要素为心肺适能、肌肉力量、肌肉耐力、柔韧性、身体成分。

(五)关键要点

本案例以某俱乐部儿童体适能培训方案的设计与应用为例,描述了教练在培训过程中通过不同的训练方式，对学员的身体素质、心理成长等不同方面发挥了促进作用。

（1）关键知识点：借助案例的学习，明确儿童体适能培训方案的设计与实施方法。

（2）关键能力点：情境创设能力、教学设计能力、计划执行能力。

（六）建议课堂计划

本案例可以在专门的案例讨论课上使用。表2是按照时间进度提供的课程计划建议，可供参考。整个案例课的课堂时间控制在90分钟内。

表2 课程计划

	主要内容	时间安排
问题导入	教师向学生简短介绍本案例学习的主题，包括案例的大致背景、主要内容、案例涉及的主要问题以及理论	15分钟
分组讨论	小组成员对案例描述的现象和提出的问题进行分析讨论，并针对问题提出主要观点和分析思路，最后整合小组总体看法	20分钟
小组陈述与辩论	各小组选取一名代表，简明扼要地阐述本小组对案例的分析和对问题的思考，还可将本案例中值得深入思考的问题提出来供全体学生进一步讨论交流。各小组汇报完后，对案例中涉及的问题以及讨论过程中同学提出的观点进行自由辩论，引导学生对教学方法有更进一步的理解和掌握	40分钟
归纳与总结	教师首先应对各小组的讨论学习情况进行点评和总结，提出各小组的优缺点；其次，提出自身对本案例学习的看法，引导学生进一步思考	15分钟

参考文献

[1]朱建明，吕季东，龙跃玉，等."FIFA 11健康"足球课程干预对9～12岁儿童体适能的影响[J].上海体育学院学报，2022，46(06)：72-81.

[2]陈华卫.美国《残疾青少年健康体适能测试标准》研究及启示[J].上海体育学院学报，2017，41(03)：23-34.

第三章　中学体育与健康课程之健美操微课教学的实际应用

随着时代的发展和科技的进步，越来越多的新型教学模式开始在现代化教学中显现。微课作为一种新型教学模式，可以很好地解决教学内容老旧、教学方法单一、教学场地受限、教学后劲不足等问题，有效提升了中学体育与健康课程教学效果和学生的学习积极性。本章以××中学的A老师应用微课开展健美操教学为例，将课堂教学与实践教学有机结合，为体育硕士专业学位研究生提供了微课内容准备、应用实施和教学评估的方法，以期提高学生应用信息化技术开展教学的能力，为后续培养其教学活动创新意识、提高实践能力奠定基础。

一、案例背景

“十三五”以来，教育信息化已由起步应用阶段进入融合创新阶段，对于促进教育公平、提高教育质量、支撑推进教育现代化的作用日益凸显，中国特色教育信息化发展路径赢得世界各国普遍认可。近年来，随着科技的发展和教学改革的深化，越来越多的新型教学模式开始在时代的洪流中涌现。全国超过80%的中小学学科教师利用信息技术开展教学活动，微课作为一种新型的网络教学模式出现在大众视野。这种新型教学模式不完全改变传统的教学模式，并且可以融入传统教育教学中，加快了现代教育教学技术与教学实践的融合。对于体育教师而言，体育微课的运用可以充分利用互联网资源，借助学习平台创造性地开展体育教学活动，实现更好的教学效果。

二、案例正文

××初中是县里的重点初中，但一到运动会、健美操技能大赛等体育赛事时，学生们却不太主动参与，只有少数同学踊跃参加。为了更好地调动学生参与体育锻炼的积极性和主动性，××初中经常组织学校间的教研活动，积极学习其他学校教学经验，探寻新的教学方法和教学模式。A 老师作为健美操教学的骨干教师，有着丰富的教学经验。自从了解了 UU 初中的微课教学模式后，A 老师对微课教学非常感兴趣。下周一是本学期第一节健美操课，A 老师准备在以往的传统教学模式上作出改变，将微课教学融入健美操教学中。

（一）创新教学

传统的健美操教学一般是教师在线下课堂对学生进行动作示范和教学，随后学生学习教师的肢体动作并自行练习，教师在学生自行练习时对某些错误的肢体动作进行纠正。虽然 A 老师之前的课堂教学效果也不错，但是课程结束后，课下能真正主动进行健美操活动的学生少之又少。A 老师分析，学生在课堂上对健美操技能的学习是被动学习，缺乏主动意识和能力，学生的主观能动性并没有得到很好的培养。此外，学生们缺乏对该项运动的关注和了解，没有感受到其独特魅力。如果可以解决这两个主要问题，那么××中学的健美操教学效果一定能更上一层楼。

与传统教学模式相比，微课教学充分运用信息技术的优势，遵循中学生的认知规律，将学习内容及相关课外资料碎片化呈现在 5～10 分钟的微课中。A 老师跃跃欲试，马上着手准备。本次健美操课主要是学习中学生健美操《青春活力》的前 3 节，备课时，A 老师充分考虑了微课时长较短、内容比较精练的特点，以及这节课要学习的迈步吸腿等技术动作的影响因素。前 3 节涉及的腿部技术动作主要包括走步、一字步、V 字步等简单的两脚交替类动作，并步、迈步吸腿等迈步类动作；上肢动作包括举臂、伸臂。前 3 节的上肢技术动作和两脚交替动作相对比较简单，但是在之前的教学中，在学习第 3 节迈步吸腿时出现了动作比较乱的情况。A 老师认为，本节微课的内容需要重点强调第 3 节的关键技术动作。而关于健美操的理论知识，如其发展史和实际生活中的具体应用等内容，将以简单明了的概括性语言在微课中稍加介绍，具体的内容在课上进行进一步呈现。因此，本节课的主题定为“迈步吸腿的动作分解”。录制本节课的微课内容时，A 老师先是在室内架好了摄像机，随后示范了前 3 节的技术动作。在之前的健美操学习中，学生们非常容易在迈步吸腿时跟不上节奏，因此A老师还特别示范了迈步吸腿的技术动作。她先是一脚迈出一步，另一腿屈膝抬起，然后向反方向迈步。在做这一技术动作时要注意屈膝半蹲，抬膝时支撑腿要稍稍屈膝。除此之外，A老师还搜索了几个健美操大赛中包含这一技术动作的编排视频及技术动作的分解和解析，一同放进了微课中。

周天晚上上自习课前，A老师来到了教室。

A老师：同学们，明天的健美操课我们要换一种方法上课，请大家提前用学校教学平板观看V课堂平台上的微课，熟悉一下技术动作。

同学们都非常兴奋，叽叽喳喳讨论起来。

生1：什么新方法呀，老师还让我们看小视频呢！

同学们纷纷点开了微课，有的同学开始兴奋地模仿，边学边跟同桌讨论。

你看，我这个动作是不是跟比赛里这个人的一样？

你这个动作看起来跟微课里这个人的不一样啊。

哦！我知道了！她是先上步后吸腿，我少了一步。

其他同学也在热烈地讨论微课中的内容，大家都对明天的新形式课堂充满了期待。

（二）微课教学

1.动作示范

第二天，同学们准时来到了健美操教室。

老师好像把2楼的电脑挪下来了。

难道今天的技术动作很复杂，需要用PPT展示吗？

正当学生们叽叽喳喳地讨论时，A老师走进了教室。

A老师：同学们好，上课！

生：老师好！

A老师：同学们，我们运动前一定要记得热身。体育委员来前面带着做做准备活动。

虽然内心很激动，同学们还是按捺住了肚子里的一堆问题，跟着体育委员做起了热身运动。

A老师：好，同学们都看了我上传的微课了吧？

生：看了，老师。

A老师：好，看来同学们已经预习了本节课的内容，现在我们一起看一遍微课，然后我们请几位同学上来示范一下动作。

看完微课后，A 老师邀请了生 2、生 3、生 4 三名同学上前来，为同学们展示他们自主预习的技术动作。

2.技术点评

三名同学演示完毕后，A 老师请队列中的同学进行了动作点评。

生 2 同学抬起腿来以后身体晃来晃去的。

生 3 同学的健美操看着很别扭，好像跟大家跳的不是同一个健美操。

三名同学第 3 节的技术动作力量不足，看起来不够“青春活力”啊。

听了同学们的点评和总结后，A 老师表示非常满意。微课的预习效果确实比单纯的课本预习效果好。

A 老师：示范和点评的同学的表现都可圈可点！请大家一起为他们鼓掌！

3.重难点学习

A 老师准备开始今天的教学了。

A 老师：大家了解健美操吗？有没有同学知道健美操的特点是什么？

同学们纷纷回答：

是一种融合体育、舞蹈、音乐的运动项目！

健美操对柔韧性和灵活性的要求比较高！

健美操还需要力量！

健美操有一定的节奏性！

A 老师：非常好，大家了解得很全面。健美操是以柔韧性、力量、灵活性和音乐节奏为基础的运动项目。某些健美操技术动作需要一定的柔韧性和灵活性才能够完成。接下来请同学们看大屏幕，我们一起来学习一下微课中提到的重难点。首先，请大家看屏幕上这个技术动作分解。

说完，A 老师将微课暂停在了 2 分 15 秒处，从这个时间点开始，就是对迈步吸腿这一技术动作的全方位、多角度展示。

生 5：老师，我有问题想请教您，我跟着视频的动作做的，为什么看起来不一样呢？

A 老师：问得好，同学们注意，这个迈步吸腿时，一定要注意是一脚迈出一步，随后另一腿屈膝抬起，向反方向迈步，要跟着音乐来卡上节拍。

A 老师说到这里，为大家现场展示了迈步吸腿的技术动作。生 5 看完恍然大悟，原来自己看起来别扭的原因是没卡上节拍。

A 老师：好，下面我们继续看动作分解。大家看，这个支撑腿的膝关节在迈步吸腿时可以微屈。

生 6：老师，不屈膝行吗？

A 老师：这名同学的问题非常好，我给大家示范一下微微屈膝和不屈膝的区别。

A 老师为同学们演示了技术动作后，同学们恍然大悟：原来屈膝是为了更好地衔接技术动作，微微屈膝看起来也比较美观。健美操学习还是要学练结合，不能光看，光看不练是学不会技术动作的。

4.自主练习

A 老师一边讲解，一边看同学们模仿的技术动作。经过分解动作的学习，同学们的健美操技术动作规范性有所提高。

A 老师：体育委员整一下队，前后左右一臂距离散开。下面请同学们两两一组，自主练习迈步吸腿的技术动作。练好了的同学可以做前 3 节的综合练习。

同学们开始两两一组进行练习。A 老师说："有疑问可以来问我，或者等我走到你身边时做指导。"

5.自我创新

A 老师：我看同学们的技术动作基本已经掌握了，现在请大家充分发挥自己的想象力和创造力，如果由你来设计健美操的技术动作，你会怎么做呢？

同学们一听，既想比画两下，又有点不好意思。

A 老师：到了大家发挥自己创造力的时候啦，有什么真本事快让同学们见识见识。

生 7 从小学习现代舞，每次课堂上她的技术动作都算比较到位的，只见她举起了手，说道："老师，我觉得这个迈步吸腿动作也可以改成前踢腿，这样脚上的技术动作就少了，做起来会更容易。"

A 老师说："非常好，前踢腿会比迈步吸腿更有活力，可以请你来队伍前面给大家做个示范吗？"生 7 大大方方地上前为大家展示了自己改编后的动作，确实改编后的效果更动态了。

A 老师：大家还有没有其他设计呀？

同学们又陆陆续续上前展示了自己的改编动作，最终这节融入了微课的健美操课在愉快的氛围中结束了。

A 老师非常满意，在她看来，融入了微课教学以后，学生们提前了解了这节课的重难点以及具体的动作要领，能够形成对主要难度动作的初步认识。这样有助于学生尽快掌握动作的技术要领，对于比较难的动作，也可以有更多的时间重复练习。相对于传统教学法来说，融入微课教学以后，学生的课堂学习效率和自我创新能力有了很大的提高。

（三）结语

微课作为一种新型的教学形式，还有很多值得发掘的领域和空间。A 老师通过实践证明，实施微课教学后，课堂气氛更活跃了，学生们对体育课的兴趣也越加浓郁。大家都很期待下一节健美操微课教学。听了 A 老师的课后总结报告后，××中学分管体育的校长觉得微课教学确实可以提升教学效果，最终决定引入微课教学并推广这一方法。

三、案例使用说明

（一）教学目的与用途

（1）了解微课教学及其在体育课中的实际应用情况。

（2）掌握微课教学与线下教学相结合的基本方法，能够设计并实际应用适合微课教学的健美操教学设计方案。

（3）注重学生体育知识与健康人格的培养，塑造全方位发展的时代新人。

（二）启发思考题

（1）微课教学这一教学模式与传统教学模式相比有哪些优缺点？

（2）从体育硕士专业实践的角度出发，如果要进行微课教学，应做好哪些准备？

（3）学校及体育教师如何开展微课教学？

（三）分析思路

使用本案例时，可根据具体课程内容的需求，结合相关的理论与方法，从以下几个方面进行分析。

1.微课教学的优缺点

优点

（1）能够直观展示课程的学习内容、增加课程学习的趣味性，充分调动学生的积极性，通过各种课堂互动加深学生对知识点的认识和理解。

(2)有助于规范健美操的技术动作，增强教学的科学性，提高教学效率。教师与学生可以在课上对本节课的教学重难点进行讨论学习，沟通交流。

(3)方便学生课前课后随时学习课程内容，提供更多的学习资源。学生还可以在课下重复观看微课内容，查漏补缺，深刻理解并应用本节课的关键知识点。

(4)便于开展素质教育，学生可以充分发挥个人的主观能动性和创造性，提高自主学习能力和合作创新能力。

(5)有利于教师提高个人专业化水平和科研能力，与学生共同成长。促使老师们了解学科前沿信息，及时更新思想，与时俱进，提高个人的教学水平，教给学生最新的、最实用的知识。

缺点

(1)当教师信息技术知识不足时，前期教学资料准备会比较费时费力。

(2)微课的主要特征是短小精悍，许多基础性问题无法全面呈现。

(3)若学生自学能力不强、自律性较差，则容易偏离学习目标。

2.微课教学前期准备工作

(1)以“素质教育”“健康第一”“终身体育”为理念，基于学生认知发展规律，选择合适的学习内容呈现形式。

(2)坚持以“科学性、创造性、趣味性、可行性、安全性”为基本原则，为学生提供实用性较强的微课学习内容，注重调动学生学习的积极性和主观能动性。

(3)提前设计好教案，包括教学过程、拓展的知识点、本节课的重难点、学生需要多加学习的技术动作及学生小组练习时教师应关注的重点。

微课教学具有主题突出、内容精选、针对性强的特点，主要针对某个重难点或某个教学环节，这也就意味着微课教学不是课堂教学的全部。微课作为一种教学模式，应当在教学中起到辅助作用，而不是代替传统教学。体育硕士专业学位研究生在将微课教学融入教学模式时，应特别注意这一点。

课后进行教学效果评估时，可对使用微课教学的班级和使用传统方法教学的班级进行比较，从而客观评估微课教学模式的应用效果。

3.学校及教师的应对策略

学校层面

(1)开展校际交流活动。组织教师去已开发微课教学模式的学校学习、交流经验。

(2)开发构建适合本校学生特点的教学模式库。按照学生的年龄和身心发展特点丰富资源库，方便教师们利用资源库开展针对性教学。

(3)举办经验分享交流会。定期组织本校教师交流教学中的经验教训，助力教学质量和教学效率的提高。

教师层面

(1)跟随学校的脚步，积极学习其他学校微课教学的经验。

(2)主动了解微课教学，提出创造性应用微课的可行方法。

(3)实践是检验真理的唯一标准，在做好前期准备的情况下应用微课教学，从实践中学习并反思提高。

(四)理论依据

1.教育信息化和教育现代化

2012 年 3 月教育部印发的《教育信息化十年发展规划(2011～2020 年)》中指出："以教育信息化带动教育现代化，破解制约我国教育发展的难题，促进教育的创新与变革。"但目前在许多中小学的教育教学模式下，学生的学习效率不高、学练积极性不强、对教学内容的兴趣不高、评价方式"一刀切"，学生自主性和创造性没有得到充分发挥。现代教育技术正在飞速发展，教育界也经历着深刻的变革，教育方式越来越智慧化、混合化、协作化，学生的学习也逐步向网络化学习、个性化学习、自主学习以及合作探究等转变。在这个网络信息化时代，微课的出现有着非常广阔的应用前景，如同慕课、混合教学、翻转课堂一样。作为一种新型的教学手段或教学方法，微课教学可以更好地满足学生个性化学习需求。在体育课上应用微课，可以突破传统的教学模式，使体育教师充分利用互联网资源，对体育教材内容进行开发和再拓展，创造性地开展教学活动。在培养学生自主学习能力和主观能动性的基础上，微课还可以帮助体育教师提高自身的专业水平和科研能力，提高体育教学的科学性，全面提升教学效果。

2.微课是体育课堂的合理有效补充

微课教学虽然只针对某个知识点或某一动作的关键技术，但是在体育课堂教学中，微课可以承担课程引入、动作示范等重要任务，是学生进行体育学习的好帮手。一方面它有助于学生集中精力学习某一知识点或技术动作，方便学生进行自主学习、合作学习和探究学习，提升学生学习的积极性、主动性和创造性；另一方面可以帮学生查漏补缺，满足学生碎片化的学习需求，独立巩固强化所学的体育知识和技术技能，在课堂上解决重点问题，高效利用课堂进行动作技能的学习、练习、改进、巩固和创新。

（五）关键要点

(1)关键知识点:学习微课在体育教学中的具体应用。
(2)关键能力点:具体问题具体分析的能力、创新性解决问题的能力。

（六）建议课堂计划

本案例可以在专门的案例讨论课上使用。表1是按照时间进度提供的课程计划建议,可供参考。整个案例课的课堂时间控制在90分钟内。

表1 课程计划

	主要内容	时间安排
问题导入	请学生们在课前了解微课教学的定义、具体表现形式和实际应用。请几名学生介绍自己搜索到的微课相关信息,教师进行补充介绍,明确本节课的主题是微课教学的实际应用。开始本案例的初步自主学习	15分钟
分组讨论	教师提出思考问题,告知学生发言要求,学生自主学习。小组成员对案例现象及其问题展开分析讨论,并阐述个人的观点和分析思路,最后整合小组看法	25分钟
小组陈述与辩论	各小组选取一名代表,简述本小组对案例的分析和对问题的思考,还可将本案例中值得深入思考的问题提出来供全体学生进一步讨论交流。各小组汇报完后,对案例中涉及的问题以及讨论过程中同学提出的观点进行自由辩论,引导学生对微课教学有更进一步的理解和掌握	30分钟
归纳与总结	教师首先应对各小组的讨论学习情况进行点评和总结,提出各小组的优缺点;其次,提出自身对本案例学习的看法,总结微课教学应用于中学体育与健康课程的价值和有待完善的地方,引导学生进一步思考	20分钟

参考文献

[1]肖威,肖博文.体育类微课设计流程与制作方法[J].体育学刊,2017,24(02):102-108.

[2]邵伟德,何鲁伟,邹旭铝,等.核心素养融入体育课堂教学的逻辑与策略——以2022年版课程标准为视角[J].首都体育学院学报,2023,35(01):10-20.

[3]蒋新成,莫豪庆,汤翠翠.AI技术赋能体育课堂教学评价的内容与思考[J].教学与管理,2024(23):42-44.

[4]尹志华,郭明明,贾晨昱,等.人工智能助推体育教育发展的需求机理、关键维度与实现方略[J].成都体育学院学报,2023,49(02):73-81.

第四章　停课不停练
——疫情下小学生居家体育锻炼方案的设计与实施

疫情下开展居家锻炼对促进学生身心健康、提高免疫力具有重要意义。受小学生认知局限性的影响，家校协同是保障小学生居家锻炼效果的重要方式。本章以 W 市实验小学居家体育锻炼方案的设计与实施为案例，运用体育教学中增强身体素质的方法及 FITT 运动原则等相关理论，基于不同学段学生的身心发展特点，制订有针对性的居家体育锻炼方案，旨在为疫情常态化形势下居家体育锻炼方案的制订提供参考，为体育硕士专业学位研究生的专业实践提供经验借鉴。

一、案例背景

良好的身体素质是提高学习效率的重要保障。疫情防控期间，特别是寒暑假期间，受空间狭小、设施不足等问题的影响，学生缺乏进行体育锻炼的有利条件，锻炼的自觉性也大打折扣。“凡事预则立，不预则废。”如何引导学生在家里、社区进行科学有效的锻炼，如何制订锻炼计划，使之既能满足学生的身心发展要求，又能让学生真正达到锻炼身体的效果，是困扰体育教师的几大问题。

2 月 17 日，原本是山东省中小学开学的日子，突如其来的新冠疫情，使得春季学期开学日延期。为响应教育部“停课不停学”的号召，各学科老师通过网课、视频直播开启了线上教学。然而上网课使学生的久坐时间增长，身体活动大大减少，长时间坐在电脑前对视力的影响也较大，容易出现体能下降、视力不良、情绪焦虑等问题。郑老师作为体育教研组的组长，教学经验丰富，立即召开了体育组全体教师会议，探讨居家锻炼的可行性，根据学校要求和各年级实际情况，制订居家锻炼方案，科学引导学生居家学习和锻炼。

二、案例正文

(一)科学制订居家体育锻炼方案

在主管领导带领下,W 市实验小学体育教研组的老师为制订居家锻炼计划展开了热烈的讨论。郑组长首先提出方案制订的原则:“安全是首先要把握住的底线,考虑到学生所处的家庭环境空间有限,我们要安排一些对场地范围要求较小、运动幅度较小的运动。”

“其次要把握好各学段学生的身心发展特点,要合理开发、全面均衡,主要从灵敏协调、心肺耐力、平衡、力量、柔韧等方面选择不同内容。还要保证适量合理的运动负荷,确保健身锻炼的安全和循序渐进,保证各练习都能达到相辅相成的练习效果。”

“那么针对以上两点,各位老师对于锻炼内容有什么意见?”

“两点左右跑和原地蹬地跑是训练灵敏协调和心肺耐力比较有效的方法。”王老师说。

“跳绳也很好,学生们在家里也可以开展。”高老师补充道。

“平衡性练习可以用单脚接球,这个动作需要家长辅助,要求学生单脚站立于地面,保持身体平衡的同时,用手接住家长抛出的网球;或者跳跃单腿站,这个动作也是我们上课常练习的,学生们应该比较了解。”三年级的刘老师说。

“力量性练习的动作也比较多,例如扎马步前后走、靠墙静蹲、蹲起、仰卧起坐等。”刘老师接着说。

“在柔韧性方面,学生最熟悉的就是坐位体前屈了。”郑组长最后说。

基于各学段学生的身心发展特点,依据《义务教育体育与健康课程标准(2022 年版)》的内容,郑组长提出方案制订的要求:“一、二年级学生的锻炼目标主要是获得基本知识和体验,三、四年级的学生要提升完成动作的质量和能力,五、六年级的学生要求掌握技术动作并高质量完成身体活动。”

“最后一点是可以适当增加活动的趣味性,在居家健身动作的选择上,尽量不要出现重复单一的动作练习,否则容易造成心理上的运动疲劳,失去练习的兴趣,从而影响居家健身的有效实施和持久性。因此,内容上可以选择孩子们喜欢的健身动作且合理变换花样。还可以制定一些简单有趣的亲子游戏,以全家总动员的方式提高学生的积极性。”

“各位老师还需要特别提醒同学们,要合理安排锻炼时间,不要干扰邻里生活。”

在各年级老师们的热烈讨论中，各学段的居家锻炼方案初步形成(见表1)。

表1 锻炼方案

	水平一(一、二年级)	水平二(三、四年级)	水平三(五、六年级)
星期一	(1)200个徒手跳绳，100个1组，共2组； (2)40个仰卧起坐，20个1组，共2组； (3)眼保健操2遍	(1)400个徒手跳绳，100个1组，共4组； (2)40个仰卧起坐，20个1组，共2组； (3)坐位体前屈，10秒1组，共6组； (4)足球基本功练习； (5)眼保健操2遍	(1)400个徒手跳绳，200个1组，共2组； (2)60个仰卧起坐，20个1组，共3组； (3)开合跳头上击掌，1分钟1组，共6组； (4)足球基本功练习； (5)眼保健操2遍
星期二	(1)单脚跳绳100个，50个1组，共2组； (2)坐位体前屈，10秒1组，共5组； (3)眼保健操2遍	(1)原地蹬地跑，30秒1组，共2组； (2)开合跳头上击掌，1分钟1组，共4组； (3)靠墙静蹲，30秒1组，共2组； (4)足球基本功练习； (5)眼保健操2遍	(1)400个徒手跳绳，200个1组，共2组； (2)开合跳头上击掌，1分钟1组，共6组； (3)两点左右跑，30次1组，共2组； (4)足球基本功练习； (5)眼保健操2遍
星期三	自主活动，亲子游戏。套圈、跳房子、单脚接球、掰手腕、亲子双人跳绳等		
星期四	(1)两点左右跑，10～20次； (2)40个仰卧起坐，20个1组，共2组； (3)眼保健操2遍	(1)400个徒手跳绳，100个1组，共4组； (2)扎马步向前走，持续60秒； (3)坐位体前屈，10秒1组，共6组； (4)足球基本功练习； (5)眼保健操2遍	(1)400个徒手跳绳，200个1组，共2组； (2)60个仰卧起坐，20个1组，共3组； (3)开合跳头上击掌，1分钟1组，共6组； (4)足球基本功练习； (5)眼保健操2遍

续表

	水平一（一、二年级）	水平二（三、四年级）	水平三（五、六年级）
星期五	(1)原地蹬地跑，20 秒 1 组，共 2 组； (2)坐位体前屈，10 秒 1 组，共 5 组； (3)眼保健操 2 遍	(1)两点左右跑，20 次 1 组，共 2 组； (2)开合跳头上击掌，1 分钟 1 组，共 5 组； (3)原地小步跑，30 秒 1 组，共 2 组； (4)足球基本功练习； (5)眼保健操 2 遍	(1)400 个徒手跳绳，200 个 1 组，共 2 组； (2)开合跳头上击掌，1 分钟 1 组，共 6 组； (3)原地小步跑，30 秒 1 组，共 4 组； (4)足球基本功练习； (5)眼保健操 2 遍
亲子运动会	比赛项目：亲子 1 分钟蹲起、亲子双人跳绳、亲子仰卧起坐击掌、乒乓球颠球。 评比方式：每个家庭可选择任意两项报名，家长们把比赛视频上传到班级群，老师再分别统计各个家庭在有限时间内的有效完成个数。 时间：每月一次		
注意事项	(1)进行体育锻炼之前，一定要进行 3～5 分钟的热身准备活动。这些活动包括原地慢跑、蹲起、扩胸振臂、体转运动、弓步压腿、侧压腿、绕踝腕关节等，以提升身体状态，避免运动损伤。锻炼完成后，也要根据自身运动强度和疲劳状态进行动态放松和静力性拉伸放松。 (2)合理选择运动时间，运动前一小时不用餐。 (3)运动结束后进行适当调整，调整期间不可站立不动，不可立即蹲下、坐下或躺下；不宜吃冷饮；不宜大量补水；不宜吹风或使用空调		

（二）开展居家锻炼方案的解读和线上锻炼指导工作

方案制订出来以后，体育教研组的老师分工合作，将方案中标准的技术动作录制成视频，并以“致家长的一封信”的形式发给了家长，号召家长鼓励并监督学生每天坚持锻炼。随后老师们通过微信群、腾讯会议等方式向家长详细阐述居家体育锻炼的目的和意义，将下发的每周居家体育锻炼指导进行详细讲解，让家长也能够明确学习内容，便于指导监督学生居家锻炼，并鼓励家长积极共同参与。方案得到了大多数学生家长的大力支持。

太棒了，我也要学习一下，跟着孩子锻炼锻炼，就当减肥了。

老师们想得太周到了，平常在家里让孩子起来运动都叫不动，有了这份锻炼方案，我一定严格监督孩子锻炼。

老师好，请问我们家长需要准备什么运动器械吗？我们提前去买。

但也有几位家长表达了担忧。

哎，我们家孩子平常爬楼都喘得要命，让他自己在家里锻炼恐怕指望不上。

我家孩子也是，最怕体育运动了。

会后，老师们耐心地为家长答疑解惑。

锻炼计划执行的第一周，学生们的热情都很高涨，认真执行老师精心研制的锻炼计划，很多学生也自愿把锻炼的视频和照片反馈到班级群里，体育老师对学生的锻炼视频、图片逐一评价，耐心地对学生提出的疑问与困难进行指导并给予合理化的建议："蹲起时腰背挺直，头带动身体向上。""锻炼完一定要把手洗干净。""你练得真认真，重在坚持，才能取得更好的效果。"……体育老师那一句句叮嘱、一声声鼓励一直陪伴着孩子们。他们锻炼时更认真了，也越来越爱在班级群中晒自己的"健身照"了。

（三）以评促练，提升学生锻炼的积极性

对小学生来说，参与运动很容易，但是保证达到预期的活动量和活动强度则很难。实施锻炼方案的过程中，学生的体育运动时长难以保证，甚至有人为了应付学校"每天坚持体育运动"的号召，进行"来去匆匆，虎头蛇尾"式的拍照或录视频打卡。但没有质量的锻炼对改善学生体质的作用是非常有限的。看着在群里打卡的学生一天比一天少，发的锻炼视频也越来越短，怎样提升学生们锻炼的积极性成为困扰体育组老师们的新难题。与各班班主任讨论商量后，老师们决定以评促练来激发学生们的锻炼积极性：依据学生每周的锻炼量和锻炼效果，推选出若干名居家锻炼表现突出的学生，通过学校公众号定期推广"最美锻炼娃"的事迹和经验，并颁发"积极锻炼家庭"荣誉证书，同时作为期末评优的重要依据。多元评价再次点燃了学生居家体育锻炼的热情，家长们的重视程度越来越高，锻炼效果越来越好，居家锻炼成为抗疫期间每天的必修课。

（四）组织线上亲子运动会

为了提升居家锻炼的趣味性，给枯燥的学习生活带来生机，体育教研组的老师们计划组织一场"云端亲子运动会"，检验孩子们的居家锻炼效果。郑老师在家长群里广泛征集建议，体育教研组的老师们群策群力，设计活动流程与具体方案，制定了多项需要亲子配合并兼具趣味性和竞技性的比赛项目。方案一发到群里，就得到了学生家长的广泛支持和一致好评，家长们积极主动报名参加各项比赛。运动会期间，孩子们和父母全心投入，配合默契，欢笑声和呐喊声

此起彼伏，整个运动会洋溢着欢跃的气氛。比赛采用录制视频的方式，也为家长和孩子留住了共同努力的难忘瞬间。疫情防控期间，这样的比赛方式不仅能够使学生们感受到锻炼的乐趣，也能够带动家长进行体育锻炼，更能够避免学生及家长长时间居家出现心理问题。

（五）了解学生居家锻炼的情况

三周后，为了解学生居家锻炼的实际情况，体育教研组的老师们讨论制定了一份调查问卷，利用问卷星对1008名学生家长进行了调研。问卷内容包括学生每周坚持体育锻炼的频率、每次锻炼的时长、主要的锻炼内容和活动项目以及家长对学生居家锻炼的态度等问题。数据显示，84％的学生能够自主锻炼，13.3％的孩子需家长引导锻炼，2.7％的孩子表示不愿参与居家锻炼；68％的学生每次锻炼的时间在30分钟以内，28％的学生锻炼时长在30～60分钟，也有4％的学生每次锻炼能坚持一小时。令老师们感到欣慰的是，家长们对亲子运动会给予了较高的评价，满意度高达85％。针对目前的锻炼情况，体育教研组的老师们也作出了反思，采取了一系列措施。从学生的角度出发，体育教师进一步指导小学生如何进行课外锻炼，甄选出优质资源提供给家长和学生，帮助家庭持续有效地开展体育锻炼。从家长的角度出发，各学段的老师抽取了部分打卡少的家庭开展线上家访，发现不愿意参加锻炼的学生主要是因为懒惰思想，为此老师希望父母多了解并掌握一定的体育锻炼知识，多陪伴小学生参加体育锻炼，通过家校合作的方式共同促进孩子居家锻炼，让体育运动成为家庭生活的重要组成部分。

（六）结语

寒冬的冷意渐渐退去，“疫情攻坚战”却从未停息。W市实验小学的师生积极响应国家“停课不停学，停课不停练”的号召，结合各学段学生的身心发展特点，科学合理安排居家健身活动，普及科学健身知识，通过引导中小学生居家锻炼提高身体免疫力，达到中小学生每天能够进行体育锻炼的目的，为共同战胜疾病和困难打下坚实基础。在学生居家学习锻炼的这段时间里，组织开展了10余场亲子运动活动，涵盖乒乓球、跳绳、踢毽子、健康跑、趣味游戏等8种类别，构筑起一道特殊的“强体魄，抗疫情”的亮丽风景线。学生拥有健康体魄的同时，逐步形成健全向上的人格，进一步激发了他们主动参与丰富多彩的校园活动、承担社会责任的积极性。

三、案例使用说明

（一）教学目的与用途

本案例运用体育教学论相关理论和方法，依据学生不同年龄阶段的特点并参照相应的健身原则，引导体育硕士专业研究生学会针对不同年龄段学生的身心发展特点制订体育锻炼方案。

（二）案例思考题

(1)分析疫情防控期间居家学习对学生身心健康的影响，并阐述居家锻炼的必要性。

(2)结合所学知识，分析居家锻炼方案制订的原则。

(3)分析如何为不同学段的学生制订科学合理的居家锻炼方案。

（三）分析思路

使用本案例时，可根据具体课程内容的需求，结合相关的理论与方法，从以下几个方面进行分析。

1.居家锻炼的重要性

疫情防控期间，学生需居家生活学习，活动空间受限，身体活动次数减少、时长缩短，久坐与观看电子产品时间增多，加之对疫情的担心，容易出现肥胖、体能下降、免疫力低下、视力不良以及心理问题。在疫情防控期间，加强体育锻炼对中小学生身心健康发展尤为重要。

2.居家锻炼的原则

(1)合理安全性原则：居家体育锻炼应该根据学生不同年龄阶段的发育特点和实际情况，合理安排运动内容、运动负荷和运动强度，选择科学合理的锻炼手段和方法。保证中小学生在身体活动能力允许的情况下进行安全、科学、合理、有效的居家健身锻炼。

(2)循序渐进原则：不同年龄阶段的学生身体素质和发展水平不同。居家锻炼初期，要结合学生的特点采取低强度、间断性的运动，让学生身体机能和心理状态都逐渐适应锻炼强度的递增，还可以观察其呼吸、体温以及疲劳等变化，对其动作的内容和负荷进行调整。

(3)趣味性原则:在锻炼过程中可以配合音乐,利用家中现有器材及空间等进行多样性的动作练习,利用不同的道具和形式增加锻炼的趣味性,这样不仅可以提升锻炼的效果,还可以调节情绪,刺激大脑皮层,通过优美的旋律逐渐消除运动疲劳,舒缓身心,达到良好的锻炼效果。

3.制订居家体育锻炼方案的依据

一份行之有效的居家体育锻炼方案,首先要做到学情分析精准化,充分考虑学生的年龄、身体、心理的差异,做到小学兴趣化、初中多样化、高中专项化。其次要针对运动能力差异设计基础目标、提升目标和拓展目标。大多数学生可以完成基础目标,努力达成提升目标,而对于运动基础较好的学生则需要朝拓展目标去努力。如,1分钟跳绳成绩达到优秀的学生可尝试挑战花样跳绳。最后,依据不同水平的学生设计不同的内容。如,水平一至水平三的学生可根据体质健康测试项目进行项目设计,如"三向折返跑",可以练习速度、灵敏、耐力素质;水平四的学生依据体育考试项目进行力量、耐力等素质练习。

(四)理论依据

1.身体素质及其构成要素

身体素质是指人体在活动中所表现出来的力量、速度、耐力、灵敏、柔韧等机能,是一个人体质强弱的外在表现。身体素质包括五方面:①速度素质,是人体在单位时间内移动的距离或对外界刺激反应快慢的一种能力;②力量素质,是身体某些肌肉收缩时产生的力量;③耐力素质,是指人体长时间进行肌肉活动和抵抗疲劳的能力;④灵敏素质,是指迅速改变体位、转换动作和随机应变的能力;⑤柔韧素质,指人体活动时各关节肌肉和韧带的弹性及伸展度。

2.FITT 原则

FITT 是频率(Frequency)、强度(Intensity)、时间(Time)和类型(Type)这四个英文单词的缩写,它是从事体育锻炼、增加健康所必须采用的基本监控原则。要想在安全的锻炼过程中取得良好的锻炼结果,就必须在体育锻炼中科学地控制锻炼的频率、运动的强度、持续运动的时间,并选择恰当的体育锻炼类型。

3.《国家学生体质健康标准》

《国家学生体质健康标准》是测量学生体质健康状况和锻炼效果的评价标准,是国家对不同年龄段学生体质健康方面的基本要求,是学生体质健康的个体评价标准。本标准从身体形态、身体机能、身体素质和运动能力等方面综合评定学生的体质健康水平,是促进学生体质健康发展、激励学生积极进行身体锻炼的教育手段。标准将测试对象划分为以下组别：小学一、二年级为一组，三、四年级为一组，五、六年级为一组，初、高中每年级各为一组，大学为一组。

4.家庭体育的内涵

关于家庭体育内涵的表述较多。从家庭体育的发生与要素上看，家庭体育是以家庭成员为活动对象，家庭居室及其周围环境为主要活动场所，根据居室环境条件与成员的需要及爱好，利用自己的时间开展健身，达到增进身心健康的目的，以促进家庭和睦和社会稳定发展。

（五）关键要点

(1)关键知识点：借助体育教学的相关理论知识，学习制订居家体育锻炼方案的方法。

(2)关键能力点：分析问题的能力、制订方案的能力。

（六）建议课堂计划

本案例可以在专门的案例讨论课上使用。表 2 是按照时间进度提供的课程计划建议，可供参考。整个案例课的课堂时间控制在 90 分钟内。

表 2　课程计划

	主要内容	时间安排
问题导入	教师向学生简短介绍本案例学习的主题，包括案例的大致背景、主要内容、案例涉及的主要问题以及理论	15 分钟
分组讨论	小组成员对案例描述的现象和提出的问题进行分析讨论，并针对问题提出主要观点和分析思路，最后整合小组总体看法	20 分钟
小组陈述与辩论	各小组选取一名代表，简明扼要地阐述本小组对案例的分析和对问题的思考，还可将本案例中值得深入思考的问题提出来供全体学生进一步讨论交流。各小组汇报完后，对案例中涉及的问题以及讨论过程中同学提出的观点进行自由辩论，引导学生对制订居家锻炼方案的步骤和方法有更进一步的理解和掌握	40 分钟
归纳与总结	教师首先应对各小组的讨论学习情况进行点评和总结，提出各小组的优缺点；其次，提出自身对本案例学习的看法，引导学生进一步思考	15 分钟

参考文献

[1]敖洪，任德利，韦拥军.新冠肺炎疫情期间重庆市主城区中小学生居家体育锻炼现状[J].中国学校卫生，2020，41(08)：1155-1157.

[2]体育词典编辑委员会.体育词典[M].上海：上海辞书出版社，1984.

[3]叶展红.关于开展家庭体育的构想[J].广州体育学院学报，1999，19(02)：45-48.

第五章　高校男子龙舟队运动员选材及训练

龙舟竞渡作为中华民族传统体育项目，在多年的发展中日趋走向成熟，竞渡水平和战术水平也不断提高。本章以××大学龙舟队为例，探讨运动员选材、训练方法、比赛中存在的问题，深挖民族传统体育文化内涵，以文化自信为引领开展课程思政建设，为体育硕士专业学位研究生的体育竞赛培训提供经验借鉴。

一、案例背景

鼓槌落，船桨起，鼓声齐响，水花四溅，各队队员呼号铿锵，各色龙舟你追我赶，争先恐后地冲向终点线。“千帆竞渡、百舸争流”的画面精彩上演。为进一步落实《全民健身计划纲要(2021～2025)》，推动龙舟传统体育项目发展，各省开始致力于持续打造龙舟品牌赛事，取得优异的竞赛成绩成为各个参赛方的首要目标。

二、案例正文

××大学为积极响应国家的号召，主动组建高水平龙舟队参加部分省级、国家级赛事。在备赛过程中，××大学龙舟队积极训练，任务重、时间短的困境并没有浇灭队员们的热情。然而，他们虽在各项赛事中拼搏努力，但比赛结果并未达到期望目标。

(一)组建过程

中国大运河国际龙舟赛赛事开展以来,为了展现本校健儿的运动风采,××大学龙舟队于2018年5月28日正式成立。初期,为了成立××大学龙舟队,××大学体育学院主动成立××大学学生龙舟协会,计划通过协会招募队员,初步组建一支高水平、经验丰富的龙舟队。但龙舟协会成立后效果并不明显,除体育学院外,其他学院只有一人参与。

时间紧迫,距离最近的比赛还有不到一个月的时间,龙舟队教练开始从龙舟协会中挑选优秀队员。在选拔过程中,龙舟队考虑到学生们的人身安全问题,设置了两个条件:①掌握游泳技能,并能够熟练运用自由泳、仰泳等技术动作。②没有心脏病等运动禁忌证。在符合条件的基础上选择了多名体魄精壮的队员,最终确定了由12男6女组成的龙舟队。

(二)训练过程

龙舟队的训练时间安排较为集中。白天烈日当空,炎热的天气让队员们感到心浮气躁。他们经常出现动作错误,却很难静下心来认真对待问题,汗流浃背则司空见惯。到了晚上,虽然避开了炎热的太阳,但训练地所在的湖边蚊虫密集。“每次训练完回去身上都是十来个蚊子包,但大家毫无怨言。”王队员表示。

为了保证下水后队员们的动作能够统一,教练指导队员在岸边练习动作。通过简单的下水模拟,教练一遍遍纠正队员们的划桨动作,避免队员在划水过程中打桨,影响节奏。在第一次正式下水训练时,许多队员上船之后十分慌乱,船身产生大幅度倾斜。教练鼓励大家保持冷静,稳定心态,并让有经验的队员坐在龙舟前面,带动后面不熟练的队员。龙舟逐渐在水面上保持平稳状态。

两周的训练让队员们的肤色黑了几度,但换来的是龙舟队训练已有模有样,似乎做好了比赛的准备。“我觉得我们练得还不错,但就是训练场地有限,无法在开阔的水面上进行训练,这对比赛会很不利吧!”训练后李同学向领队说道。随后××大学龙舟队积极报名了A市第六届端午节龙舟赛,让队员们初次感受比赛氛围;紧接着又报名了中国大运河国际龙舟赛,在开阔的水面上进行竞赛,以比赛的形式代替训练内容;最后报名参加了中国龙舟公开赛,试图通过大规模的比赛来检验训练成果。

(三)竞赛过程

2018年6月18日,××大学派出两支龙舟队伍赴A市和B市,分别参加了A市第六届端午节龙舟赛和中国大运河国际龙舟赛。在成立仅仅20天、系统训练仅仅一周的有限条件下，经过团结协作和不懈努力，××大学龙舟队最终获得A市第六届端午节龙舟赛混合组第四名、男子组第五名，以及中国大运河国际龙舟赛第十一名的好成绩。

3个月后，2018年9月15～16日，中国龙舟公开赛在C市滨海景区举行。本次比赛设置了5个单项冠军和2个组别总成绩冠军，分为甲A组、甲B组两个组别。其中，甲A组设置22人龙舟200米、500米直道赛及3000米环绕赛三个项目；甲B组设置12人龙舟200米、500米直道赛两个项目。

成立不到4个月的××大学龙舟队在甲A组与来自全国各地的高水平龙舟队同场竞技，参加200米、500米直道赛和3000米环绕赛。由于训练场地受限，××大学龙舟队提前一天到达滨海景区备战。队员们分外珍惜这宝贵的赛前训练机会。在宽广的河面上，队员们听着鼓声，俯下身子，挥动手臂划桨，频率加快，冲刺，一下接一下，咬牙坚持，不畏疲惫。每一次训练，队员们都拼尽全力，忍着手臂和腰部肌肉的疼痛，为的是团队最终的胜利。

15日早上，“预备，开始！”随着裁判员的一声令下，各队龙舟如箭离弦，向前驶去，大家你追我赶，力争第一，谁也不甘落后。同时，乐声响彻江面，鼓声咚咚，号子高亢。××大学龙舟队的健儿们如同出征的战士，他们沉着冷静，拼命地划着，一次比一次快，不断缩小与前方老牌龙舟队的距离，顺利完成200米、500米的比赛。

16日上午，令人激动的3000米环绕赛拉开帷幕。××大学龙舟队第一次体验此项目，这相当于龙舟赛里的马拉松。每一次绕标都是对全体队员默契度、舵手方向感的考验，而3000米的距离也是对全体队员体力的极大挑战。伴随铿锵的鼓点声，队员们士气高昂，用尽全力下腰、划桨，快速起桨，再斜向下插桨。他们每一个动作都竭尽全力、协调一致，浪花打在桨上，龙舟两侧的河水快速后流，每前进一米，离胜利就更进一步。

最终两天的比赛顺利结束，××大学龙舟队并未取得优异的成绩，但队员们在场上的奋力拼搏仍值得肯定。本次中国龙舟公开赛是××大学龙舟队自成立以来参加的规格最高、参赛队伍平均实力最强的一次比赛。在这次比赛中，队员们看到了与高水平龙舟队的差距和自身的不足。

（四）赛后总结

1.运动员选材

龙舟运动员与大多数项目运动员的体能构成要素一样，分为力量、速度、耐力、柔韧和协调。××大学龙舟队头桨主力划手赛后总结说："比赛过程中经常有左右桨力量和耐力等分配不均衡的情况出现，这导致我们的舵手在控制方向时面临更大的困难，整体竞赛效果就不好。"××大学龙舟队主要由体育学院本科生组成，体育生具有体力好、精力充沛和行动力强、好管理等优点，但是通过比赛也展现出来一些不足。某划手自我总结说："我本身是打乒乓球的普通体育生，感觉自身各项素质不如其他队友的素质全面，针对我自身力量偏弱的情况，队里组织的专项力量性练习较少，所以我也被安排在了一个不太重要的划桨位。"参赛运动员的主修项目不同，个人优势也不同，导致在比赛中运动员能力参差不齐。主修羽毛球、乒乓球等力量型要求不高的体育项目的运动员，在龙舟竞赛中可能就是一个偏弱的划桨点。龙舟队选人时，学校出于对队员安全问题的考虑，要求必须是会游泳的学生参加，对队员的优劣势很难顾全。

2.训练安排

××大学龙舟队于A市端午节龙舟比赛前不久刚刚组建，考虑到学生自身的学业要求和课程压力，安排的训练次数较少。因此，多数训练计划还是以怎么划得快、怎么划得稳为重点，侧重队员的整体配合。而龙舟的技能性练习是一个长期的过程，需要每个人都掌握标准动作，整齐一致，才能取得理想的竞赛成绩。××大学龙舟队教练指出："从我接手××大学龙舟队以来，队伍的精神方面值得肯定，队员们不怕吃苦，每次训练，只要无特殊情况队员全部到场。但队员们技术的标准化掌握程度还是不够，没有将自己有限的力量全部发挥出来。"

三、案例使用说明

（一）教学目标

（1）了解龙舟队基本组建过程，明晰队伍中各职能角色发挥的作用。

（2）了解龙舟赛事的基本内容和特点，学会分析龙舟队的优缺点。

（3）学会从教练员和管理者的角度以及运动员选材等方面考虑龙舟队的组建，根据队伍特点采用合理的训练方法。

（二）启发思考题

（1）从运动训练的角度出发，找出龙舟队在组建、日常训练和比赛过程中存在的问题。

（2）分析龙舟队在组建、日常训练和比赛过程中出现问题的原因。

(3)思考上述问题的解决办法及训练方案。

(三)分析思路

使用本案例时,可根据具体课程内容的需求,结合相关的理论与方法,从以下几个方面进行分析。

1.存在的问题及产生的原因

(1)运动员选材不合理:××大学龙舟队在选材时充分考虑了运动员的身体安全问题,但没有全面考虑运动员的竞赛基础和身体素质,尤其是在选择鼓手和舵手时,未考虑其是否具备节奏控制能力和大局观意识。

(2)训练方法过于单一:高水平龙舟队的养成需要训练计划的全方位合理安排。在保证日常训练的基础上,既要遵循个人专项化训练原则,又要考虑到队伍整体性配合训练的强化。例如,划手需要进行腿部力量、上肢力量和核心力量的抗阻训练,以及划桨周期性动作的单项训练;鼓手需要训练控制整体比赛的节奏;舵手需要开展方向控制的训练等。××大学训练方法单一造成整体队伍竞赛能力偏弱,无法与其他队伍抗衡。

(3)缺乏团队配合:××大学龙舟队缺乏团队配合,主要源于队员间缺乏有效的沟通与默契培养。在日常训练中过于注重个人技能的提升,而忽视了团队协作的重要性。加之队伍内部缺乏系统的团队建设活动,导致队员间难以形成统一的战术理念和行动节奏。这些因素共同导致了龙舟队在比赛中难以发挥出应有的团队合力。

2.解决策略

(1)运动员选材:18～25岁是最适合参与龙舟运动的年龄段,而在校大学生正好处于这一年龄段。基于龙舟运动的特征,应依据运动员形态、机能、身体素质三大方面进行选材。首先,从运动员的身高、肩宽、髋宽、臂长等方面进行选材。其次,从体现身体机能的心率、肺活量、血乳酸等方面选材。其中,心率反映了心脏功能和承载运动负荷的能力,选材时应选安静时心率较低者。最后,主要从力量、速度、耐力、柔韧和协调几个方面,选择身体素质较好的运动员。力量素质中特别注意不仅要关注运动员的绝对力量,还要考虑相对力量。

(2)训练方法:高校龙舟运动的训练内容包括体能训练和技能训练。在训练的初期要着重进行体能训练,可以穿插一些技能训练,以确保运动员具有良好的体能基础。同时,应根据每名运动员的身体和技能特点,制订符合个人需求的训练方案,以确保每个人的特长能够得到最大发挥。

从训练的初期到运动员取得优异成绩，都应贯彻循序渐进原则、系统不间断原则、合理安排负荷原则。其中，系统不间断原则至关重要。高校龙舟运动员的起点低、训练时间有限、训练条件差，因此训练过程应保持连续性。在训练过程中，应根据运动员的情况合理安排训练内容，尤其是运动负荷的安排，应逐步、合理地增加运动负荷，防止运动损伤的发生。训练之余可增强团队文化建设，这不仅有助于增强团队凝聚力，还有助于缓解运动员的心理压力。

（四）理论依据

1.运动员选材理论

运动员选材是运动训练过程的重要组成部分，也是运动训练的起始点。在本案例中，可以将运动员选材理论充分运用到高校运动队选材工作中。

（1）获取参训候选人现实状态信息：一般通过调查和测试，获取运动员形态、遗传、生理、心理和各种运动能力的信息，并进行定量描述和科学分析，最终获得各种现实状态的信息。

运动员选材是对运动员起始运动能力的第一次全面“诊断”，依据该“诊断”，分析其潜力及适合的运动方向；如果选材结果是肯定的，则选材测试信息是开始实施早期专业运动训练计划的重要依据。

（2）评价参训候选人现实状态信息：一般采用相对评价和绝对评价两种方式。相对评价是指将个体实际调查和测量的数据与某一个专项运动员群体的选材标准进行比较，从而确定该个体所处的水平。这种评价方法是相对于某一专项运动员群体的现实状态而言的。绝对评价是指将个体实际调查和测量的数据与某一个专项优秀运动员的特征数据进行比较，从而确定该个体与一名优秀运动员之间的差距。这种评价是相对于某个专项优秀运动员理想状态而言的。

2.运动训练理论

运动训练理论主要针对“为何练、练什么、练多少、怎样练”，即训练目标、训练内容、负荷量度及训练的组织四个问题进行研究。不同层次的训练理论都承担着在各自层次上回答上述问题的任务。

（五）关键要点

（1）关键知识点：借助案例的学习，明确高校龙舟队运动员选材的依据和训练方法。

（2）关键能力点：队伍分析和总结能力、队员个人判断能力、训练计划执行能力。

(六)建议课堂计划

本案例可以在专门的案例讨论课上使用。表1是按照时间进度提供的课程计划建议,可供参考。整个案例课的课堂时间控制在90分钟内。

表1 课程计划

	主要内容	时间安排
问题导入	教师向学生简短介绍本案例学习的主题,包括案例的大致背景、主要内容、案例涉及的主要问题以及理论	15分钟
分组讨论	小组成员对案例描述的现象和提出的问题进行分析讨论,并针对问题提出主要观点和分析思路,最后整合小组总体看法	20分钟
小组陈述与辩论	各小组选取一名代表,简明扼要地阐述本小组对案例的分析和对问题的思考,还可将本案例中值得深入思考的问题提出来供全体学生进一步讨论交流。各小组汇报完后,对案例中涉及的问题以及讨论过程中同学提出的观点进行自由辩论,引导学生对其有更进一步的理解和掌握	40分钟
归纳与总结	教师首先应对各小组的讨论学习情况进行点评和总结,提出各小组的优缺点;其次,提出自身对本案例学习的看法,引导学生进一步思考	15分钟

参考文献

[1]黎涌明,陈小平,冯连世.运动员跨项选材的国际经验和科学探索[J].体育科学,2018,38(08):3-13.

[2]陈作松,吴瑛,缪律.深化体教融合背景下我国运动员选材和培养的发展机遇与创新策略[J].武汉体育学院学报,2021,55(09):74-78.

[3]缪律,史国生.从无序化到规模化:运动员跨项选材的演进历程与经验思考[J].沈阳体育学院学报,2020,39(03):72-79.

[4]李鑫,李赞,赵慧敏,等.中国竞技体育跨项选材发展的阶段特征、动力基础与趋势前瞻[J].成都体育学院学报,2023,49(04):144-151.

第六章　青少年运动员心理疲劳问题的审视与干预

在体育事业深化改革的今天，青少年体育发展直接关系到体育强国、健康中国建设。对正处于心理健康塑形期的青少年运动员来说，心理因素是影响其竞技水平发挥的重要因素之一。及时、正确的备赛心理训练和比赛心理调节对青少年运动员强化自我意识和提高情绪管理能力有着积极的作用。本章以某市游泳队运动员小鹏的亲身经历为例，对青少年运动员在训练和比赛中出现的心理问题进行阐述，并运用体育心理学的相关理论分析其产生心理变化的原因，制定有针对性的心理干预策略。

一、案例背景

某市游泳队在省内一直处于前三的位置，为省队输送的运动员不仅数量多且质量高，也是国家游泳队重要的人才输送中心。在青少年培训方面，教练员形成了一套科学的训练方法和独特的训练体系，注重基本功训练，尤其是打腿训练。该市游泳队的年轻运动员进步很快，不断有优秀的年轻运动员在省级比赛中崭露头角，这也给年龄较大的运动员带来巨大的压力。小鹏进入市游泳队3年多了，13岁的他已然算得上队里的老将，有过辉煌也历经过失意，心理上的坎儿一次次成为他通关的绊脚石。这次他终于鼓起勇气找到心理老师，希望老师能帮助自己打开心结。

二、案例正文

（一）一场比赛的失利

劈波斩浪，水花四溅……运动员在泳池内伸臂起腿，激起层层浪花，场边不断回响着教练的哨声与喊声。旁边的冠军墙上，孩子们曾经许下的誓言在朝阳映射下闪闪发光。“游泳为我的生活增添了很多颜色，我很喜欢这项运动，希望可以通过自己的努力，一步一个脚印走到国家队，在国际赛场上为国争光。”一个小男孩说道。他叫小鹏，今年 13 岁，市游泳队的一名运动员，主项 400 米自由泳，兼项 200 米自由泳，小小年纪的他已经在心里种下了大大的梦想。

“一年一度的省冠军赛就要来了，大家都要打起一百二十分的精神，把自己训练的水平都发挥出来……”丁教练一如往常为运动员们做着赛前的激励动员。小鹏却低下了头，这是他第 3 次参加省队选拔赛了，上次就是因为紧张过度、压力过大而没有发挥出最佳水平，没有达到省队的标准。“如果这次再失败，自己还有勇气坚持下去吗？”想到这里，小鹏默默地流下泪水。

比赛当天，小鹏早早地来到场地热身，看到别的同学有说有笑打打闹闹的样子，自己却像霜打的茄子，怎么也开心不起来。“鹏鹏加油！”小鹏回头看到爸爸妈妈都已经来到了赛场边，紧张情绪愈发强烈，勉强挤出一个微笑回应。

“预备，嘟！”在市全民健身服务中心游泳馆内，随着裁判的一声哨响，小运动员们齐刷刷地跳下水去，奋力挥动手臂，冲向终点。划水、蹬腿、转身……他们像一条条飞鱼在赛道内一趟一趟地游着。“鹏鹏加油！”“轩轩加油！”“坤坤快冲啊！”……运动员们全情投入，赛场边的啦啦队也热情万分，此起彼伏的加油助威声充斥在赛场内，经过一番激烈比拼，各个比赛项目都圆满完成。

赛后，看着自己的成绩，小鹏明白自己这次也与省队无缘了。他的心情失落到了极点，于是主动找到自己的教练，想要请假回家。教练知道小鹏是想逃避失利，也明白一味地逃避并不是解决问题的办法，便拒绝了小鹏的请假申请：“小鹏，胜败乃兵家常事，咱们运动员要学会接受失败。这样吧，你先去找 L 老师聊聊天，聊完你再决定要不要回家。”

（二）小鹏的心结

教练提前跟 L 老师打好了招呼，L 老师为此精心布置了咨询室来接待小鹏。她在墙角放置的椅子上增加了靠垫，在茶几上摆放了纸巾和水杯，放置了纸笔，并打开了空调，目的是让小鹏在谈话过程中舒适放松。布置完这些之后，L老师邀请小鹏进入咨询室，详细说明了咨询中相关保密原则。之后，小鹏开始和L老师讲起自己在比赛中的心态变化和近期的种种烦恼。

50分钟咨询结束后，L老师让小鹏做了心理健康调查问卷，并整理了咨询记录。总体来说，小鹏的主诉问题有以下几点：

(1)缺乏自信，好像无论怎样努力，都达不到省队的选拔标准。

(2)重要比赛前经常会自我焦虑，吃不好也睡不好，比赛时容易过度紧张，想赢怕输。

(3)对游泳的热情日益下降，感觉不再是因为喜欢而享受游泳，更像是必须要完成的任务，心理负担加重。

(4)承载着父母较高的期望，害怕让他们失望。

(5)总感觉教练对自己的关注较少。

(三)基本信息补充

(1)家庭基本状况：小鹏的爸爸曾经是游泳运动员，并在全国比赛中取得过优异的成绩，但是从未在国际级大赛中获得名次。为此，小鹏的爸爸对小鹏有很高的期望，希望小鹏能实现自己未完成的心愿。父母把最好的生活给了小鹏，小鹏不想让父母失望。

(2)过往取得的成绩：小鹏加入市游泳队3年了，代表市游泳队参加每年的省冠军赛、省游泳锦标赛以及U系列各项比赛，取得过数十枚奖牌，并且在自己的主项400米自由泳中取得2金1银1铜的成绩，是市自由泳项目上的主力成员之一，但单项成绩尚未达到省队标准。

(3)队内关系：队友之间相处较融洽，从未与队友产生大的冲突。

(4)兴趣爱好：除打游戏外，没有特别的兴趣爱好。

(5)游泳队的训练安排：该市游泳队每周上午安排文化课学习，下午三点半到六点半安排游泳训练，每周有两次陆上体能训练，每周六全天安排游泳训练，周日有一天的休息调整时间。小鹏平常下午的训练量是7000～8000米，周六全天的训练量能达到15000米。小鹏的主管教练丁教练一共带13名运动员。

送走小鹏之后，L老师找到了丁教练和小鹏平时比较要好的朋友们，向他们了解一下小鹏平时的训练及生活状态。丁教练说道："小鹏这个孩子基础比较扎实。我们都知道，他的父亲曾经是一名非常优秀的游泳运动员，(小鹏)就是泡在泳池中长大的孩子。当初去俱乐部选苗子的时候就觉得这孩子的技术动作比较标准，我们针对小鹏制订的训练计划就是如何更高效地提高运动成绩。小鹏是那种比较听话、让人放心的孩子，给他制订的训练计划他总是只多不少地完成，从来不会偷懒。但比较让人担心的一点就是，小鹏在队里算是比较内向的孩子，他很少主动向我们反映自己的问题，每次都得教练把他叫到跟前去问一问是否存在什么问题。”

同时，L老师也询问了和小鹏同一个教练组的其他几位朋友。

小鹏哥人很好的，我刚来的时候很不适应这样的训练强度，总想回家，小鹏哥还经常鼓励我。

小鹏哥很仗义，有次外出比赛，我的泳镜坏了，小鹏哥主动把自己的借给我用。

我们平常聊天的时候，小鹏哥会经常分享一些训练比赛的经验给我们，我们相信小鹏哥的实力。

（四）制订心理辅导方案

看着与小鹏的访谈记录和刚填的心理问卷，L老师陷入了沉思。从与小鹏教练及其队友的谈话中，L老师发现，小鹏是一个各方面素质比较高的运动员，训练自觉性很高，在队里的人缘也比较好。这就需要从小鹏自身找原因，去帮助他打开心结。运动员在竞技体育环境中长期承受高应激压力和大负荷运动训练，不可避免会产生疲劳。一提到“疲劳”，一般首先会想到生理疲劳，但有些运动员身体上不疲劳，只是觉得“心里累”，而小鹏当前的状态就是典型的“心理疲劳”。产生心理疲劳时，运动员除了感觉到累之外，还伴随着信心下降、兴趣减退、动机不足以及主观意识上的逃避退缩，这些反映在表面上就是运动成绩的下降。

针对小鹏的问题，L老师与小鹏讨论后，制订了一份为期六周的心理干预方案（见表1）。考虑小鹏的实际情况，L老师认为采用音乐放松训练较为合适。在运动训练领域，音乐放松训练是在完成传统训练的基础上，将音乐放松引入放松训练中。它是以心理学理论为基础，应用特定的音乐，使个体的行为、感情及生理功能产生一定变化的放松方式。结合运动员疲劳程度、音乐偏好等选择有针对性的音乐，让运动员在音乐的调节作用下更好地恢复。L老师提前跟教练和小鹏沟通好，让小鹏完成下午的水上训练和放松训练后去咨询室找她。

表 1　心理干预方案

咨询对象：小鹏
年龄：13 岁
性别：男
身份：某市游泳队运动员
短期目标：认清并解决自身的心理疲劳问题，回归健康的心理状态
心理干预方式： (1)音乐放松训练(持续六周，每周两次，每次 25～30 分钟)。 (2)积极地自我暗示。 (3)变换训练方式，给予运动员自我决策的机会。 (4)设置短期目标。 (5)培养兴趣爱好，丰富业余生活。 注意睡眠和营养的有机结合

(五)打开小鹏的心结

一切准备就绪，L 老师再次把小鹏请到咨询室，正式实施干预方案。

来，小鹏，你先躺在这个地毯上，深呼吸，全身放松，根据我说的要求来做。把你的双手自然放在身体两侧，颈部放松，腰部贴于地面，不要用力。双腿、双脚尽量呈自然放松状态，掌心向下自然放松，两眼半睁或轻轻闭上均可；调整呼吸，使自身处于一种身心极为放松的状态。在放松过程中要保持心情平静，动作缓慢，千万不要急躁。

今天我要给你听几首音调和节奏比较舒缓的音乐，主要是帮助你缓解心理疲惫状态。

选定好音乐之后，L 老师调整了音量，让小鹏在平缓的音乐作用下身心处于放松状态。在这个过程中，L 老师始终观察小鹏的状态，并用专业的方式加以引导。

先右手用力握拳，体会紧张感(5～8 秒)，然后放松，并体会放松感。

左手握拳，放松。然后重复一次。屈右前臂，收缩肱二头肌，放松。然后重复一次。屈左前臂，放松。然后重复一次。咬紧牙，放松。然后重复一次。耸肩，收缩肩部肌肉，放松。然后重复一次。

……

心理训练是一个渐进的过程。第一次训练结束后，L老师和小鹏约好了下次训练的时间。除音乐放松训练外，运动员在日常的训练生活中还可以通过变换训练方式、设置短期目标、培养兴趣爱好、注意营养保健、寻求社会支持等方式改善心理疲劳。L老师也把这些方法详细地教给了小鹏。

教练员是运动员的主心骨，对情绪调控能力较差的年轻运动员来说更是如此。亦师亦友是教练与运动员之间比较健康的相处关系，但是在训练中，小鹏对丁教练存在些许畏惧心理，不敢主动与教练沟通。L老师针对这一点指出："在训练中遇到问题时，你要学会主动找教练沟通，可以向教练申请休息，或者让教练改变一下训练模式，甚至是降低训练量和训练强度。这些你都可以主动向教练提出申请。丁教练一个人带13名运动员，他不会时时刻刻盯着你，猜测你的想法。"同时，L老师建议丁教练为运动员提供尽可能多的自主决策的机会，如让运动员决定耐力训练是选择长跑还是游泳，准备活动是采用第一套方案还是第二套方案，以此增强运动员的自控感，减少运动员的被练感。

在访谈中问起小鹏的目标，他的回答简单干脆，"进省队，拿冠军"。设置的目标长期没有实现对运动员来说就会变成一种压力和负担，最有效的方式是把长期的大目标分解成短期的小目标，一个个去实现，这样能够使运动员得到积极的反馈，进而维持对训练的兴趣并提高自信心。"回去以后，你可以和教练商量一下，结合自身的实际情况设置多样化的短期目标，比如技术训练目标、身体训练目标等，可设置一些可操作、可检验、时间短的目标，也可以每天或者每周设置一个目标。"

教练应当鼓励运动员发展训练之外的兴趣爱好，鼓励他们在休息时间投入自己喜欢的课余活动中。L老师对小鹏说："许多优秀的运动员都有自己的兴趣爱好，比如，我们的'蝶后'刘子歌喜欢阅读，酷爱《道德经》；英国的托马斯·戴利喜欢织毛衣。我建议你从今天开始培养一项业余爱好，可以帮助你减轻训练、比赛带来的压力，缓解心理疲劳。"运动队也需要经常性地组织一些有益于运动员身心健康的集体休闲活动（如拓展训练活动），以丰富运动员的业余生活，防止运动员由于过度关注训练、比赛而造成心理疲劳。

对于运动员的高强度训练来说，充足的睡眠和营养摄入对于消除疲劳是非常有效的。为此L老师专门为小鹏制订了营养方案。当上午安排了训练时，早餐应有较高的能量，并含有丰富的蛋白质、无机盐和维生素等；下午有训练时，午餐量应适量增多，但要注意避免肠胃负担过重；晚餐的能量一般不宜过多，以免影响睡眠。早、中、晚三餐的热量比例大致为3∶4∶3。同时，一些食品中的营养物质有助于缓解心理疲劳，平常可以多吃黑芝麻、核桃仁、瓜子仁等可提高色氨酸利用率的食物，保持5-羟色胺的正常水平，降低抑郁的可能性。

（六）结语

处于青春期的运动员自我控制和情绪调节能力较差，难免会遭遇心理健康问题。教练和运动队的心理老师应时刻关注他们的心理状态，一旦出现心理问题，有义务和责任帮助他们从了解成因开始，分析问题、寻求策略、解决问题，帮助青少年运动员更好地成长。

三、案例使用说明

（一）教学目的与用途

（1）了解运动员心理健康问题产生的过程，分析运动员常见的心理健康问题，学会针对不同的心理健康问题制定有针对性的干预策略。

（2）运用心理学相关知识和理论，认识运动员心理疲劳产生的原因，学会帮助运动员减轻心理疲劳的方法。

（二）案例思考题

（1）结合案例，分析运动员产生心理疲劳的主要表现。

（2）结合案例，分析运动员心理疲劳的原因。

（3）在大强度的运动训练中，运动员应如何减轻心理疲劳？

（4）分析音乐放松训练缓解运动疲劳的作用机制。

（5）在平时的训练比赛中，教练员怎样帮助运动员调节情绪、舒缓压力？

（三）分析思路

使用本案例时，可根据具体课程内容的需求，结合相关的理论与方法，从以下几个方面进行分析。

（1）从本案例小鹏的主诉问题中可以看出，运动员出现心理疲劳主要表现在以下几个方面：首先是在主观体验和情绪反应上表现为自信心下降，对项目本身的热情减退，出现逃避现实、烦躁不安等情绪状态；其次在行为上表现为赛前和赛中过度焦虑、紧张，成绩下降。更进一步，有的运动员会把心理疲劳的情绪反应带到日常生活中，可能导致人际关系的紧张。

(2)从案例中可以发现，小鹏产生心理疲劳的原因主要包括以下几个方面：首先是高负荷训练量造成的生理疲劳，对游泳产生倦怠心理；其次是来自比赛本身的压力，给自己制定的目标过高；此外，还包括长期无变化的单调的训练环境和训练内容，以及缺乏来自教练和周围环境的肯定造成的心理疲劳。

(3)长期承受大强度训练是产生心理疲劳的主要原因之一，可以通过调整训练强度和创新训练手段的方式来减轻运动员的心理疲劳。同时教练应为运动员提供尽可能多的自主决策的机会，增强运动员的自控感，减少运动员的被练感。在日常训练中应重视对训练目标的划分，把长期目标分解成短期的可实现、可操作、可检验的小目标，让运动员循序渐进完成训练，使运动员能够得到积极的反馈，维持对训练的兴趣。运动员应培养一些训练之外的兴趣爱好，在休息之余投入自己喜欢的课余活动中。运动队也需要经常性地组织一些集体休闲活动(如拓展训练活动)，以丰富运动员的业余生活，防止运动员由于过度关注训练、比赛而造成心理疲劳。

(4)音乐放松疗法是通过生理和心理两方面来对运动员的心理疲劳进行干预。当运动员置身放松的音乐氛围之中时，其身体的内分泌系统和神经系统的各项机能都可以得到一定的改善和提高，促使身体不间断地分泌对个体有利的活性成分，这种活性成分可以调节人体内血管流量以及改善神经传导的效果。另外，音乐的频率、节奏和有规律的声波振动会引起人体组织细胞发生和谐共振，这种共振会直接影响人的脑电波、心率和呼吸节奏，提高大脑皮层的兴奋性，改善运动员的情绪状态。

(5)教练员在运动队中的角色非常重要，既要懂生理、心理各项指标，还要懂管理、关心运动员的生活。教练要有意识地判断、调控运动员的心理状态，特别是对敏感型的运动员，要制订有针对性的训练计划，在训练中采取鼓励式教学，帮助运动员树立自信心。运动员在面对压力时，会有一些身体上的反应，教练员要密切关注运动员的思想表现，发现问题时及时与运动员和心理老师沟通。在训练计划的安排上，可以增加新颖的训练内容，减轻长时间日复一日的枯燥训练带来的心理疲劳。如果运动员产生了心理疲劳，可以进行心理技能训练。有一些具体的措施，如表象训练、自我暗示等，可以有效帮助运动员缓解心理疲劳。

（四）理论依据

1.认知行为理论

依据认知行为理论，在认知、情绪和行为三者中，认知发挥着中介与协调的作用。认知对个人的行为进行解读，这种解读直接影响着个体是否最终采取行动。认知的形成受到"自动化思考"机制的影响。所谓自动化思考，是经过长时间的积累形成了某种相对固定的思考和行为模式，行动发出已经不需要经过大脑的思考，而是按照既有的模式发出；或者说思考与行动自动地结合在一起，而不假思索地行动。正因为行动是不假思索的，个人的许多错误的想法、不理性的思考、荒谬的信念、零散或错置的认知等，可能存在于个人的意识或察觉之外。因此，要想改变这种状况，就必须将这些不假思索发出的行动重新带回个人的思考范围之中，帮助个人在理性层面改变这些不想要的行为。

2.运动员心理问题产生的过程

依据认知行为理论，心理问题的产生是压力源作用于个体，个体对压力源进行认知加工而产生的结果。认知过程是外部压力和个体情绪、行为反应的中介。压力作用过程的三个主要成分之间的关系可以用时间序列表示，如图 1 所示。

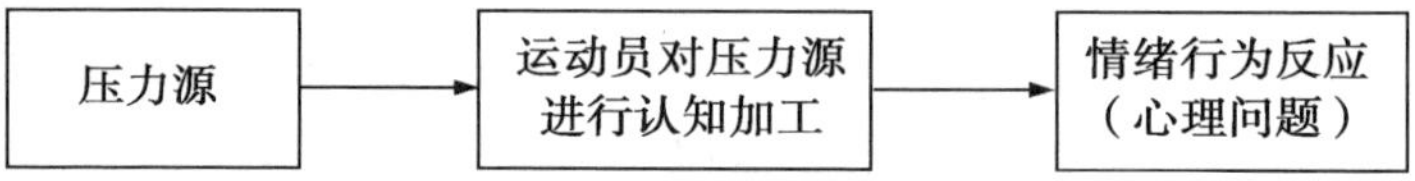

图 1　压力作用过程

3.运动性心理疲劳

运动性心理疲劳是指，运动员在应对内源性压力和外源性压力时，心理资源及生理资源被不断消耗而没有得到及时补充所出现的心理机能不能维持原有心理活动水平，即心理机能下降的现象，主要表现为成就感下降、对运动的消极评价、生理和心理耗竭三方面。成就感下降与技术和能力相关，指运动员不能实现个人目标或成绩达不到自身期望。对运动的消极评价是指兴趣的丧失、漠不关心的态度或对成绩和运动的不满。生理和心理耗竭是与紧张的训练比赛相关的维度。

4.运动员心理疲劳的干预策略

营养干预、训练干预、认知干预、环境干预、心理放松技术等均可对各种不同的心理疲劳产生积极的恢复效果。具体来说主要包括以下几点：积极的自我暗示;设置短期可实现的目标;调整训练方式或改变训练环境;培养兴趣爱好,丰富业余生活;寻求社会支持;保证充足的睡眠,注意营养的摄入;等等。

(五)关键要点

本文对青少年运动员在训练和比赛中出现的心理问题进行阐述,运用体育心理学的相关理论分析其产生心理变化的原因,制定有针对性的心理干预策略,为体育心理学方向的硕士研究生的专业实践提供参考和借鉴。

(1)关键知识点:借助体育心理学的相关理论知识,学习运动员心理疲劳等心理问题的干预方法。

(2)关键能力点:发现问题、分析问题、解决问题的能力。

(六)建议课堂计划

本案例可以在专门的案例讨论课上使用。表 2 是按照时间进度提供的课程计划建议,可供参考。整个案例课的课堂时间控制在 90 分钟内。

表 2 课程计划

	主要内容	时间安排
问题导入	教师向学生简短介绍本案例学习的主题,包括案例的大致背景、主要内容、案例涉及的主要问题以及相关理论	15 分钟
分组讨论	小组成员对案例描述的现象和提出的问题分析讨论,并针对问题提出主要观点和分析思路,最后整合小组总体看法	20 分钟
小组陈述与辩论	各小组选取一名代表,简明扼要地阐述本小组对案例的分析和对问题的思考,还可将本案例中值得深入思考的问题提出来供全体学生进一步讨论交流。各小组汇报完后,对案例中涉及的问题以及讨论过程中同学提出的观点进行自由辩论,引导学生对运动员常见的心理健康问题有更进一步的理解和掌握	40 分钟
归纳与总结	教师首先应对各小组的讨论学习情况进行点评和总结,提出各小组的优缺点;其次,提出自身对本案例学习的看法,总结运动员心理疲劳问题的干预方法,引导学生进一步思考	15 分钟

参考文献

[1]魏平，许昭.运动员心理训练与调控[M].济南：山东大学出版社，2018.

[2]毕晓婷，张力为.运动性心理疲劳成分的动态变化及其归因[J].天津体育学院学报，2013，28(05)：408-413.

[3]张力为.心理学研究的七个方向：以运动性心理疲劳为例[J].体育科学，2010，30(10)：3-12.

[4]张力为，林岭，赵福兰.运动性心理疲劳：性质、成因、诊断及控制[J].体育科学，2006(11)：49-56.

第七章　越野跑的失温预防及应对

近年来，越野跑赛事日趋火热，作为一种面向所有人开放的徒步比赛，这一赛事主要在不同类型的自然越野地形（沙地、土路、森林小径、单轨小径、雪道等）和各种环境（山脉、森林、平原、沙漠等）中开展。该运动的特殊性对参赛选手的身体素质、随机应变能力等提出了一定的要求。越野跑赛事能否顺利进行、成功举办受诸多因素的影响，比赛中难免会出现意想不到的情况。比如，2021 年第四届黄河石林山地马拉松百公里越野赛中，突如其来的极端天气导致选手们在参赛过程中出现失温。面对突发情况，参赛选手怎样做才能最大限度地保护自己？紧急救援又该如何开展呢？

一、案例背景

2021 年 5 月 22 日，第四届黄河石林山地马拉松百公里越野赛暨乡村振兴健康跑在甘肃省白银市景泰县黄河石林风景区举办。赛事基本情况如下：全程 96.07 公里，共设置 9 个打卡点（CP 点，除 3 号打卡点外，其他各打卡点均设有补给点）、1 个转运点（6 号打卡点）、1 个补给点（SP 点）。各打卡点与补给点均安排了至少 5 名志愿者、3 名医护人员和 1 辆救护车。3 号打卡点的地理条件较为复杂，没有设置补给点，也没有安排医护人员和救护车，仅有两名志愿者负责打卡工作。赛道属于景区周边未经人工硬化的自然山地路线，为砂石、黄土、草地混合路面。

赛道整体海拔在 2000 米上下，对于平原地区的参赛选手来说，海拔略高，但对第一梯队的精英选手来说较为容易。报名要求在 20 个小时内完赛，否则无法获得完赛奖金，这对于新手来说难度较大。百公里越野赛的难度主要在最后几十公里，需要面临天气、心理承受力以及身体状况等多因素的挑战。虽然此次组织工作相比之前更为严谨，但仍然出现了不可预料的极端天气，给本次赛事带来了极大的挑战。

二、案例正文

赛事举办是在5月底，理论上来讲已经进入了夏季，冲锋衣在此次赛事手册中不是强制装备，仅作为建议装备。22日早上，风和日丽，阳光甚好，但比赛开始时，天气转阴，开始起风，体感温度瞬间降低。起点到CP1这段的比赛处于石林中，这一地理条件削弱了大风对跑步的影响。此时赛事尚未受到天气影响，越野跑比赛平稳进行。

到CP2之前，就开始下雨了，雨越下越密。CP2～CP3是黄河石林赛道较为艰难的一段，全程12.5公里，坡度爬升较大，海拔升高883米，路况较差，较为陡峭，选手们需要手脚并用。由于地势原因，CP3无法提供补给，且此处无法退赛，至少要坚持到CP4。而事故和意外恰恰出现在这一段。

跑得最快的人遇到了最强烈的风雨。据赛事摄影师郭某回忆，三名选手到达CP2时雨越下越密，风力已达到七八级，三脚架上的相机被大风吹得无法对焦。少数选手面对当时的极端天气，选择返回CP2退赛。而坚持继续往上爬的选手们鞋袜已经湿透，即使是在相对避风的地方，保温毯也无法起到御寒作用，甚至有选手的保温毯直接被大风撕碎。风力之大、天气之恶劣可见一斑。选手们的手指冻得失去知觉，体温明显下降，而此时即便选择退赛也需要下山，风雨交加的天气更是加大了下山的难度。

（一）极端天气加速了失温的发生

5月22日，受冷空气影响，我国西北地区大部分出现明显降温、降水、大风天气。景泰县最低气温降幅4～8摄氏度，气温4～16摄氏度，最大风力7～8级，并伴有0.2～7.2毫米的降水；最大降温时段是9时～13时，大风主要出现在16时～19时，降水主要出现在11时～14时。

选手到达CP1～CP2段时，天空开始下雨；CP2后，风力增大且是逆风，雨更密了，风雨交加的天气影响了选手的视野。这样的极端天气对选手的身体素质是极大的考验，体温调节系统也受到了极大的影响。

实际上，不管是处于运动还是静止状态，人体作为一个热源体，随时随地都在与周边环境进行热传递。机体通过不停地产热和散热维持体温相对恒定，尤其是大脑和内脏等重要核心部位，温度基本保持不变。但人体体温调节系统能力较弱，在越野跑过程中，一旦机体温度流失过快，无法维持核心区域的温度，就很有可能会发生失温。

温度、湿度和风力是导致失温最常见的因素，而此次越野跑过程中这三个影响因素同时出现，属于不可预料的极端情况。在越野跑过程中，人体自身产热极高，会大量出汗散热；流汗后身体表皮湿度增大，当衣着保暖性不强或透气性较差时，体温就会快速下降。再加上当天的温度下降和风力加大，加速了参赛选手们的热量流失，缩短了失温现象发生的时间。

（二）失温后的个人身体表现

失温一般指人体热量流失大于热量补给，从而造成人体核心区（人体核心区域是相对于人体四肢和表层皮肤而言的）温度降低，并产生一系列从体感微冷到寒战、出现幻觉，再到意识丧失、心律不齐，最后心肺功能衰竭甚至死亡的病症表现。

代偿期机体的核心温度保持在 35 摄氏度以上，精神状态完全正常，体感微冷，机体会收缩体表的毛细血管来减少热量从体表的散失，并通过释放肾上腺素、抗利尿激素等增加肌肉、肝脏等组织或器官的产热。

轻度失温导致选手浑身打战，同时伴随四肢温度下降、脸色苍白、语言不清。许多选手在下撤到小木屋的过程中小腿抽筋、大腿不听使唤，也有选手即使裹着被子，脸色仍然发青，嘴唇和身体止不住地颤抖，肌肉无法受意识控制。多位选手摔伤流血，但由于轻度失温导致记忆力减退、失去理智乃至出现幻觉，选手们不记得当时的具体情况。

在中度失温阶段，人体的体温会降低到 32 摄氏度以下，伴随意识逐渐丧失，脉搏和呼吸速度放慢，体表血液循环减缓。肌肉不再通过寒战产热，心律开始不齐。原来收缩的周围血管开始扩张，导致血液重新流入血管，失温者会有短暂的身体温热的错觉。

一名女选手在 CP2 前往 CP3 的过程中遇见一名男选手，他的不远处有件风衣。女选手捡起来给他穿上，问他："你还能走吗?"男选手说："能，你带上我。"女选手拉住他的手，可他的手已经僵硬了，站不起来。两个人折腾了半天也没走出几步。在这个过程中，他反复跟她说，"你走吧，别管我了"，又说"带着我，我要跟你走"。此时男选手的意识已经丧失了。

重度失温时，核心温度会降低至 28 摄氏度以下，人失去意识，心跳逐渐减慢至停止。

（三）出现失温症状后的及时处理

突发的极端天气与随之而来的失温风险对选手们、赛事组委会都是一个严峻的考验。即便是过去三届黄河石林山地马拉松百公里越野赛的冠军，曾经历过失温的“梁神”——梁晶，这次也没有挺过来。在救援队发现梁晶时，他的膝盖已经严重磨损。也许是因为失温且没有补给，上坡下坡进退维谷，他只能本着求生的欲望在地上爬行，直至生命的最后一刻。

1.自救

2017年，梁晶在江苏连云港连跑12个小时，曾经遭遇过失温。当时他的教练魏普龙在现场，梁晶跑到教练面前说自己失温了。教练叫组委会赶快冲好红糖水，开了一辆车追上梁晶。教练用大衣裹住梁晶身体的时候，他浑身发抖，牙齿止不住地打战，一句话也讲不出来。教练用自己的身体温度帮助梁晶慢慢缓过来，又把他扶到房间里，梁晶的失温情况才慢慢转好。

此次赛事中，一名幸存选手表示，“感觉像做了一场噩梦”。他在赛道中昏迷了近两小时，最后被村民救起。在昏迷之前，最后的一段路摔了好几跤，最后一次摔下去的时候，由于身体已经冰冷、僵硬，这名幸存选手无法凭借自己的力气再爬起来。他用保温毯把自己包起来，然后就失去了意识。也许在平日的比赛里这张毯子到最后也用不上，但此次它发挥了救命的作用。

另一名幸存选手回忆：“到达CP2时我喝了点热水，把找到的白色塑料袋套在身上，路上又捡了一个尿素袋，也围在身上。继续往前走时，我遇到了两个村民，他们带着几件衣服，说是村委会让他们拿来给有需要的选手穿。我拿了一件毛衣穿上，村民又让我再穿了一件。”

此次百公里越野赛的众多选手中，有初次参加越野赛的“小白”，他们的赛事经验比较少，缺乏应对这种突发情况的经验，无法全面地做好赛前准备。而跑圈知名的“大神”们参加越野赛，追求速度，随身携带的东西非常少，虽然跑得快，但是遭遇极端天气时，自救难度更大。许多选手没有准备冲锋衣，大风天气使得保温毯的保温作用在避风处也大幅降低。此时选手们第一要务是寻找避风点，保持体温，等待机会寻求帮助。

2.他救

当天下午3时左右，位于CP4的志愿者孙某收到了赛事组委会的电话，说“CP3有选手受伤，需要往山下抬，山上冷，需要一些保暖物品”。孙某与志愿者、医护人员、赛事执行总监等人抱着被子、衣物一起往CP3赶。此时牧羊人朱某已经救下了5名选手,并告知孙某:“还有3个人躺在前面山坡那里。”考虑到救治失温选手的第一步是要迅速将其转移到可以躲避风寒的岩石或遮挡物后方,所以救援人员把失温的选手们背到山洞。村民给他们更换干燥衣物,给他们烤火,并用被子将失温的参赛选手包裹起来,选手们这才慢慢恢复了意识。

而此时雨越下越大,夹杂着细碎的冰雹,救援人员脸上的汗瞬间结成了冰碴。山路湿滑,夜间气温下降,救援人员在山间的行进更加困难,搜救难度进一步增大。他们的腿开始抽筋,疼得厉害且没法动弹,像被重物拖住一样,可想而知在风雨中奔跑的选手们经历了多大的身体折磨。

11时50分,一名参赛选手通过GPS定位设备发出了求救信息,但没有得到回应。13时56分,白银蓝天救援队队长收到了赛事举办方的求救电话,但此时已经错过了失温的最佳救援时间。

此次百公里越野赛突遇降温、降水、大风天气,酿成21名参赛选手不幸离世、8人受伤的悲剧。如果赛事组委会能够在CP3设置补给点,安排医疗人员和救护设备,如果在每一赛段都安排几名经验丰富的志愿者人员,专门负责此赛段的情况记录及报告,如果能够加强人员伤亡情况信息传递,提高救援效率,可能就可以避免出现如此令人心痛的后果。

(四)结语

高海拔高难度的越野赛事,不仅是对选手身体耐力和极限的挑战,也是对选手意志和智慧的考验。此次比赛中,不乏“我要拿冠军、赢奖金”的参赛选手,但在参加户外运动赛事时,选手一定要在理智的前提下谈赢和获利的欲望。

三、案例使用说明

(一)教学目的与用途

(1)了解出现失温的原因、失温各阶段的具体表现以及如何预防失温。

(2)掌握在户外越野运动遭遇失温时如何实施自救和他救。

(二)启发思考题

(1)从赛前准备的角度出发,如果你是一名参赛选手,你会从几个方面做准备?请具体说明。

(2)根据案例提供的信息,此次户外越野出现失温的原因主要有哪些?

(3)从专业实践的角度出发,当发现他人出现失温状况时,应如何迅速提供救援?

(三)分析思路

使用本案例时,可根据具体课程内容的需求,结合相关的理论与方法,从以下几个方面进行分析。

1.越野赛的赛前准备

(1)选手首先要有强健的体魄,在赛前训练时开展适应性训练,避免运动强度和时间的突然增加对身体产生过大负荷;其次是培养良好的心理状态,越野赛不仅考验选手的身体素质,也需要选手有坚韧不拔的毅力和强大的自我调节能力。

(2)赛前运动装备也非常重要。常规的运动装备包括越野包、手杖、水壶、头灯、备用电池、足量的食物(能量胶、能量棒等)、救生毯、高频救生哨等常规装备,高海拔的越野赛还需要准备安全帽、便携急救包、压胶冲锋衣、保暖内衣、保温毯等保暖御寒装备。

(3)全方位了解个人身体情况、场地和赛事基本信息,做好前期线路探索工作,了解周边地形地貌,防止因地形不熟造成危险事故的发生。

2.失温原因

(1)外部原因可以概括为:①突发大风、暴雨等极端天气变化。②环境温度过低,加快了人体热量流失的速度。

(2)内部原因可以概括为:①个人身体持续能量供给不足。②人体恒温系统平衡被打破。

3.应对失温的处理方式

(1)失温时应做:①安全转移。迅速将患者转移到可以躲避风寒的岩石或遮挡物后方,避免冷风继续吹袭患者。②冷面隔离。将患者与地面隔绝,避免核心体温继续流失。③干燥处理。擦干患者身体,更换干燥衣物,必要时可使用厚衣物包裹患者全身。④核心区域加温。将热水袋包在手套或袜子里,放在患者腋窝、颈部和腹沟处。必要时,身体温热者可用隔离物以身体直接接触方式导热。⑤当重度失温患者脉搏和心跳停止时,采用CPR(心肺复苏术)急救。

(2)失温时禁做:①给失温患者饮酒。②把外界辅助热源用于四肢,大量低温血液循环导致低血压和温度进一步降低,会增加复苏失败的风险。③采用滚烫的辅助热源。④严重失温时回暖过快。⑤搬动重度失温患者时动作幅度过大。

（四）理论依据

1.机体失温的过程

（1）代偿期：此时机体的核心温度保持在35摄氏度以上，人的精神状态完全正常，体感微冷。机体会收缩体表的毛细血管来减少热量从体表的散失，并通过释放肾上腺素、抗利尿激素等增加肌肉、肝脏等组织和器官的产热。

（2）轻度失温：患者体温下降到33～35摄氏度，同时会产生剧烈的寒战、四肢冰凉、脸色苍白、严重疲劳、语言不清、肌肉不受意识控制、呆滞、记忆力减退、情绪改变或失去理智、脉搏减缓、幻觉等现象。

（3）中度失温：患者体温降到32摄氏度以下，并且意识逐渐丧失，进入类似冬眠的状态，具体表现为肌肉不再痉挛，脉搏和呼吸速度放慢，体表血液循环速度大幅度下降，丧失意识等。肌肉寒战产热也不再进行，心律不齐发生，原来收缩的周围血管扩张，导致血液重新流入周围血管，产生短暂热起来的错觉。

（4）重度失温：患者核心温度降低到28摄氏度以下，患者失去意识，心跳减慢至停止。

2.寒冷环境中运动对机体的影响

（1）体温：寒冷环境中运动会导致身体热量过度散发，超过机体对体温的调节控制能力，引起体温过低。恶劣环境因素（降温、降水、大风等极端天气）会缩短低体温出现的时间。

（2）机体代谢：碳水化合物利用率大幅度增加，同时伴有中度的脂肪氧化作用。低运动量时氧耗量明显增加，中度活动量时肌糖原的利用明显下降而氧耗量不会进一步发生变化，低体温可反射性地引起人体内物质代谢过程加强，增加氧耗。

（3）骨骼肌功能：寒冷引起骨骼肌有氧氧化和能量代谢的加快，以增加热量产生来维持体温。寒冷环境还会导致外周神经系统受影响，皮肤和四肢末端的感觉性下降，骨骼肌的协调能力减弱，关节的灵活性减弱，容易出现肌肉和肌腱撕裂、抽筋等运动损伤。

（4）运动时损伤：低温会使肌肉僵硬度和黏滞性增加，还会使兴奋组织的兴奋性降低以及酶的活性下降，此时发生运动损伤的风险会增加，如若不注意防寒，暴露肢体还会发生冻伤。

（五）关键要点

结合越野跑的失温预防及应对案例，体育硕士专业学位研究生应掌握越野赛的赛前准备方法，能够准确分析失温的具体原因，并考虑以后遇到参赛选手失温情况时应如何及时展开救援。

(1)关键知识点：引导体育硕士专业学位研究生在专业实践中学会如何预防失温以及掌握救援方法。

(2)关键能力点：具体问题具体分析能力、随机应变能力和解决问题的能力。

(六)建议课堂计划

本案例可以在专门的案例讨论课上使用。表 1 是按照时间进度提供的课程计划建议，可供参考。整个案例课的课堂时间控制在 90 分钟内。

表 1 课程计划

	主要内容	时间安排
问题导入	教师可以在课堂随机提问是否有学生参加过越野赛或做过相关赛事服务工作，熟悉的越野赛是什么形式，由此引出案例主题。引导学生了解越野赛的起源和形式，认识越野赛和马拉松的区别	15 分钟
分组讨论	教师向学生介绍此次越野赛举办的背景，通过播放案例视频，结合课件资料详述事件发生的经过。学生分组讨论问题，找出此次赛事准备不充分的地方	25 分钟
小组陈述与辩论	教师总结点评该案例的要点，引导学生自主讨论。各小组选一个代表陈述小组讨论成果，掌握如何规避风险以及出现失温时应如何处理。讨论问题含：参赛选手在参加比赛前应达到什么条件；如果是你参加越野赛，你会怎么做；出现失温时如何自救和救助他人	30 分钟
归纳与总结	教师总结点评学生的汇报，引导学生在发现问题的基础上优化赛前准备、赛中表现、赛后复盘；并进一步讨论问题：如果让你去参加这次越野赛，你会如何避免失温；看到失温者应如何展开救援	20 分钟

参考文献

[1]晏鸿，杨明，李佳琪，等.我国越野跑赛事发展的回顾反思与展望——兼

论甘肃白银黄河石林越野赛事件的赛事组织[J].南京体育学院学报,2021,20(07):61-70.

[2]王志敏,刘军,苟波.马拉松运动中猝死风险产生原因及防范措施研究现状[J].中国运动医学杂志,2023,42(09):749-756.

[3]林俐,许寿生,赵梦莹.利益相关者视角下户外运动赛事失温风险评价指标体系的构建研究[J].北京体育大学学报,2024,47(06):144-156.

[4]部义峰,朱小芋.寒冷环境下激活后增强效应诱导训练对运动员爆发性运动表现的影响[J].首都体育学院学报,2024,36(03):313-320.

第八章　马拉松“撞墙”现象对选手备战的启示

马拉松“撞墙”现象是指在马拉松全程的后半段出现的肌肉抽筋、呼吸急促、身体仿佛不受意识控制的现象。本案例将从L在一场国际马拉松比赛中遇到的“撞墙”现象切入，运用运动训练的理论和方法，从“撞墙”的定义、原因及常见表现出发展开分析，延伸到马拉松选手在备战时应采取何种方式减轻“撞墙”的影响。同时，引导体育硕士专业学位研究生从运动训练的角度出发，在课堂中学习理论，在实践中积累经验，为马拉松选手提供运动和营养等实践应用方面的理论支持。

一、案例背景

自从马拉松引入中国后，中国的城市马拉松已经走过了40多个年头。2015年，国家体育总局下放了马拉松赛事的审批权。地方政府和社会组织积极响应，举办了多场精彩的马拉松赛事。截至2019年，80％以上的城市承办过马拉松赛事，马拉松也成为当下民众热衷的运动项目，为建设“健康中国”提供了有力支撑。仅2019年一年，国内共举办马拉松赛事1828场，参赛人数高达712多万人。不难看出，民众参与马拉松的热情高涨。

二、案例正文

2012年，在一次饭后闲聊中，L了解到K参加过马拉松赛事，由此对马拉松产生了浓厚的兴趣。在K的带领下，L参加了几次长跑赛事——厦门半程马拉松、杭州马拉松12公里跑和香港半程马拉松，其中最长的马拉松是30公里。这次的国际马拉松赛全程26英里，约41.84公里。L跑到30公里处时，他觉得非常难受，看里程数字快到终点了，但跑起来却又那么远。在最后的三四公里中，他跑跑走走，终于成功完成了第一个个人全程马拉松。其实在最后几公里，L 就出现了马拉松中的“撞墙”现象。

（一）“撞墙”

1.何为“撞墙”

L 回到“跑者之家”后，实在想不通自己为什么在后半段跑得那么艰难，于是他咨询了马拉松大赛经验比较丰富的 K 大哥。

K 说：“很正常，你这是遇到‘撞墙’了。”

L 说：“‘撞墙’？当时确实感觉像有一堵墙在面前一样。”

K 解释道：“一般人在跑马拉松全程时，大概在后半段，30 公里左右会出现肌肉抽筋、僵硬，体能下降，呼吸急促之类的现象。”

L 说：“对对对，最后感觉腿都抬不起来了，跟灌了铅一样，每一步都非常艰难，身体开始不听大脑的使唤，那会儿我都想退赛了，但是一想到这是我第一个即将完成的全程马拉松，还是咬牙坚持了一下。”

“K 大哥，这个‘撞墙’是不是跟初高中时体育课长跑的极点是一种状态？”

K 回答道：“‘撞墙’和极点只是表现相似，实则完全不同，极点是可以控制的，但‘撞墙’不管是新手跑者还是有许多大赛经验的人都会遇到。举一个极端的例子：如果 1000 米赛跑时一开始就全力奔跑，一样会遇见‘撞墙’现象。”

2.“撞墙”原因

L 继续问道：“我了解到马拉松是一项长距离有氧耐力运动，长距离比较容易理解，但是这个有氧耐力运动是什么意思？‘撞墙’是因为参加这种运动吗？”

K 回答说：“有氧耐力运动是指在我们跑马拉松时，我们的能量供应主要是通过细胞的有氧呼吸供给，而且这一运动非常考验人的耐力。但是‘撞墙’不是因为这种运动形式，而是涉及能量消耗方面的一些知识，待我给你展开讲讲。”

“平时我们跑马拉松的时候，比赛一开始，大脑会先指挥身体利用肌肉中储存的肌糖原，当体内的肌糖原消耗殆尽后，就开始动用储存在肝脏中的肝糖原。”

L 还有一个疑问：“K 大哥，我们跑步时只消耗这些糖原吗？那肌糖原和肝糖原用完以后，是不是就跑不动了？”

K 说道：“问得好。除了糖可以为我们供能，脂肪也可以，不然大家都说运动可以减肥呢！虽然糖类、脂肪都可以为我们的身体活动提供能量，而且能源物质可以同时供能，但是在糖类和脂质之间存在‘时间交叉现象’，运动时跑得越快，消耗糖原的比例就越高，当糖原供能的比例远低于脂肪供能时，‘墙’就出现了。”

不存在一种供能物质单独为身体提供能量的情况，能源物质的利用总是同时存在的，只是物质的供能比例大小不同。K 的解释有一定的道理，但“撞墙”的机制远不止于能量代谢，还包括神经的保护性抑制、中枢疲劳、肌肉的兴奋-收缩耦联供能下降等几个方面的原因。K 推荐 L 去咨询对马拉松比较了解的 N 老师，从他那里获得更多的马拉松知识。

3.何时“撞墙”

L 听完 K 的讲解后陷入思考：什么情境下会导致“撞墙”？带着疑问，L 联系了 N 老师，N 老师主要负责带马拉松跑者的赛前训练。

N 老师解释道：“‘撞墙’是一种综合性疲劳。虽然马拉松的持续时间较长，但相比来说，短跑对身体的刺激强度更大，马拉松运动产生的乳酸相对较少。但是在身体氧化供能这一过程中，脂肪氧化不充分会产生较多酮体类物质，这种物质的酸性特质会抑制神经，进而影响各种代谢活动，具体表现为‘腿酸、抬不起腿’，导致运动能力下降。运动量较大时，除了这种酮体类物质，还可能会产生一些脂质过氧化物，破坏细胞结构、阻碍正常的细胞活动。神经细胞在马拉松运动时会经历大量的反射活动。如果超过自身的局限，代谢功能就会失调，运动神经元进入保护性抑制状态，伴随着心理上的消极反应，出现比如内心浮躁、想要放弃比赛等念头。”

N 老师补充道：“长时间的运动后，运动员的肌肉经历了反复收缩，肌肉细胞结构也会因为机械性牵拉及体内某些化学因素的出现而损伤，肌肉收缩蛋白的结构遭到破坏，肌细胞合成 ATP(腺苷三磷酸)的能力下降，钙离子摄入和释放遇到障碍，影响肌肉的兴奋-收缩耦联，也会造成骨骼肌疲劳。”

L 听了以后恍然大悟，自己跑到最后几公里时抬不起腿，原来是因为神经系统收到信号后的保护性抑制，再加上体内生理机制方面的相应变化导致的骨骼肌疲劳，难怪自己跑到最后那么艰难。

(二)备战策略

了解到这些生理机制后，L 发现要想出色地完成一场马拉松比赛，不仅需要好的身体素质，还需要战略战术安排。

人体在运动时消耗的是体内的血糖、血脂、肌糖原、肌内甘油三酯和脂肪物质。其中糖类是主要的能源物质，是大脑的能量来源。低血糖不仅会引起体力疲劳，也会引起脑力疲劳。

随着运动时间的延长，主要供能物质会从糖原向脂肪转移，脂肪的燃烧需要糖作为引物，因此长时间大强度运动（比如马拉松比赛的后半程）时，如果糖原耗竭，糖类酵解的速率会降低，有氧代谢的速率也会降低，脂肪的氧化速率也会受到影响而降低。因此在长时间的运动项目中，要采取必要的策略降低糖的消耗，创造优势。

经历过此次马拉松后，L 对马拉松赛事的兴趣日益浓厚，他迫切地希望可以在下次马拉松赛事中更好地发挥自己的能力，挑战极限，超越自我。因此，L 请求 N 老师给予指导。了解 L 的基本情况后，N 老师为他制订了“开源”和“节流”两个计划。

1.开源

“开源”指运动前期的营养准备，营养方面最重要的是补充糖分，增加体内的糖原储备。补充糖分可以从准备期、赛前、赛中和赛后四个阶段入手。为了备战下一场马拉松，N 老师为 L 列出了准备期的饮食策略和注意事项。L 的膳食营养计划主要有三个目标：①满足训练的糖需求，②获得最佳体重和体脂，③保持良好的水合状态。

N 老师对 L 提出的饮食建议如表 1 所示。

表 1 饮食建议

	备注	单独列出具体的推荐食物
主食	主食占食物总热量的 50%以上	主要选择全谷物或者粗粮
水果蔬菜	水果和蔬菜的种类多样化，每餐都吃蔬菜和水果	水果推荐香蕉、苹果、橘子、橙子等，蔬菜推荐花菜、西兰花、西红柿、胡萝卜等
蛋白质	保证每一餐摄入优质蛋白，保持瘦体重	选择瘦肉时去掉可见脂肪，去骨去皮，多吃鱼、豆类、鸡蛋
钙量	选择钙含量丰富的食物。钙摄入量 1000 mg/d，处于青春期或 50 岁以上的中年人每日钙摄入量应大于 1200 mg	多摄入低脂牛奶、酸奶、奶酪，少喝茶、咖啡

续表

	备注	单独列出具体的推荐食物
油脂	选择健康的油脂，多吃富含ω-3的食物，将反式脂肪酸的摄入量控制在总热量的1%内	富含ω-3的食物，比如三文鱼、金枪鱼、鱼肝油等，少吃薯片，每天一把坚果
补液	摄入充足的液体。吃补剂时要喝足量的水。每餐至少喝一杯水。运动的前4小时建议摄入5～7 mL/kg(以体重计)的液体，注意补水	晨起一杯水(250 mL左右)。甘油和肌酸会增加体内液体水合量，而酒精会妨碍水合，不建议饮用

2.节流

“节流”的目的是提高脂肪的利用率，节省糖原的消耗，使得身体的供能系统可以支撑个人完成马拉松比赛。在参加马拉松比赛前，进行赛前训练，提升自己身体的氧化供能水平。

N老师说：“我们训练的最终目的是提高有氧燃脂能力，也就是提高脂肪氧化供能的能力。只有这样，我们才能使脂肪氧化供能的效率足以支撑身体完成比赛。”

因此，L的运动训练计划主要有两个目标：①在日常训练中学会控制配速，按照个人的真实水平跑；②每次训练时先慢跑再匀速跑。

N老师参考有氧能力训练计划，为L制订了训练计划(见表2)。

表2 训练计划

	训练负荷	示例
持续快跑	时间：20～40 min 速度：104%～107% M.P.R	10 km(29′00″/29′20″)
逐渐加速持续快跑	时间：20～40 min 速度：102%～108% M.P.R	12 km(35′00″/35′20″)
长距离变速跑	距离：5 km/7 km 训练量：15～21 km 速度：103%～107% M.P.R	3×5 km速度变化： 17′15″/17′00″/16′45″，间歇3 min

续表

	训练负荷	示例
中距离变速跑	距离：3 km/5 km 训练量：10～12 km 速度：105～108% M.P.R	5 km/4 km/3 km 速度变化： 14′30″/11′25″/8′20″，间歇 3 min
短距离变速跑	距离：1 km/3 km 训练量：10～12 km 速度：106～110% M.P.R	5×1 km(2′45″)间歇 2 min 2×2 km(6′30″)间歇 3 min 3 km(8′15″)休息 4 min 以上
混氧变速跑	距离：400～3000 m 训练量：10～12 km 速度：107～112% M.P.R	2 km(5′25″)间歇 3 min＋10×400 m(1′02″)间歇 1 min＋6 km(维持速度节奏与心率相对稳定)
持续上坡跑	距离：6～10 km 坡比：3%～6%	同持续快跑
比赛	越野赛/公路赛/场地赛	10 km 场地 28′15″ 5 km 场地 15′45″

注：M.P.R 指 marathon pace race，即马拉松比赛速度节奏。

对于进行耐力训练的人来说，运动强度增加到 65%的最大摄氧量时，脂肪氧化所占供能比例最高。但当运动强度达到 85%的最大摄氧量时，脂肪氧化总量逐渐下降，这可能是因为血液中儿茶酚胺含量升高，影响了肌糖原分解和葡萄糖的摄取。在 N 老师的理论和实践指导下，L 开始备战明年的马拉松比赛。

有了 N 老师的训练计划助力，L 迫切地希望自己可以在训练期间掌握优化配速的技巧，争取最大化发挥个人的身体能力。与 L 一起接受 N 老师训练的几个好朋友，经过几个月的饮食控制和耐力训练，效果显著，乳酸水平急剧增加的临界点(即无氧阈值)极大地提高，消耗脂肪的能力也比之前更强。L 在接受运动训练之后，确实觉得跑步轻松了不少，在运动时间更久的情况下，运动不适感也明显减轻。按照 K 的话来说，就是脂肪分解氧化供能的时间越来越长。

3.如何应对“撞墙”

不管马拉松的总里程数是30公里、40公里，还是5公里、10公里，在配速不合理的情况下都会发生“撞墙”现象。马拉松选手的身体素质越强，训练水平越高，在比赛中配速越合理，“撞墙”的反应就会越小。业余跑者由于参赛经验较少，缺乏系统的理论指导和实践训练，再加上比赛时心理紧张，一心求快，稍不注意配速就会超过个人水平，更容易遇到“撞墙”现象。

L有些担心：“N老师，要是我跑的时候也出现这种情况，急得‘撞墙’了，该怎么做呀？”

N老师表示：“如果比赛中又觉得‘墙’出现了，先不要慌张，这是很正常的现象。首先要做的是调整心态，积极面对，不要停止运动，如果停下了就很难再跑起来。其次可以降低配速，哪怕是原地小碎步，保持运动状态即可。等撞墙期过去再逐渐提高配速。还有一点需要注意的是，只要没有特别严重的胸闷、呼吸困难、意识模糊，仅仅是步子发沉、速度下降的话，通过控制呼吸频率、增加呼吸深度，就可以更快消除‘撞墙’反应或缩短‘撞墙’反应的时间。”

（三）结语

在N老师的指导下，L对马拉松比赛的了解日益深入，他开始爱上了这项运动，越来越享受风在耳边吹拂的感觉。参加运动之后，L自己感觉身体愈发轻盈，他非常庆幸自己及时参与进来，早早地享受运动带来的诸多益处。L想，人生路上也难免会有“墙”，运动不仅可以锻炼身体，还可以锤炼心灵，“撞墙”并不可怕，重要的是自己实现更好的平衡，积极地面对它。

三、案例使用说明

（一）教学目的与用途

（1）了解马拉松“撞墙”现象及其产生的原因。

（2）掌握马拉松赛事中应对“撞墙”的基本方法，能够设计并实际应用赛前准备计划。

（3）在掌握本案例内容的基础上，举一反三，能够根据实际情况设计出个性化与科学性兼具的运动及营养方案。充分发挥“身体”与世界沟通媒介的作用，让学生在身体练习中感受到体育的价值与意义，实现立德树人的育人目标。

(二)启发思考题

(1)请说明“撞墙”与“极点”的异同点。

(2)为了在马拉松赛事中将“撞墙”的影响最小化,赛前运动计划应包括哪些内容?

(3)如何通过调整膳食营养助力耐力训练?

(三)分析思路

使用本案例时,可根据具体课程内容的需求,结合相关的理论与方法,从以下几个方面进行分析。

1.马拉松“撞墙”与“极点”的异同点

(1)马拉松“撞墙”与“极点”的不同点

①机制不同:“撞墙”是由于体内的糖原供能比例远低于脂肪供能比例。“极点”现象是因为供氧不足,人体内脏器官出现生理惰性,内脏器官无法提供运动器官所需的能量。导致这两种现象出现的生理机制不同,“极点”可以通过热身和训练克服,而即便是“大神”跑者,也很容易受到“撞墙”现象的影响,因为这种现象的出现与个人能力关系不大,主要是跑马拉松的技术策略出现失误。

②出现时间不同:“极点”一般在马拉松刚开始时就出现,而“撞墙”现象一般是在马拉松的后半程(30 公里之后)。

(2)马拉松“撞墙”与“极点”的相同点

①跑者的表现非常相似,比如跑不动,抬不起腿,内心有想放弃的念头。

②出现“极点”现象时,可以通过降低运动强度、控制呼吸频率、增加呼吸深度等缩短“极点”现象的持续时间或消除这一现象。出现“撞墙”现象时,也可以通过慢跑从而降低体内消耗糖原的速度,减少“撞墙”现象的影响。

2.马拉松的赛前运动计划

(1)长距离慢跑训练。提高心肺系统的能力,提升运动时利用脂肪的效率。此时的运动强度应控制在最大心率的 60%～75%;心率超过这一范围时,运动强度加大,训练的就不是氧化供能系统的能力了。运动时间不能太短,为了减少“撞墙”现象对跑步的影响,每次长距离慢跑训练的时间应该在 1～2 小时,这样才能有效训练氧化供能系统。

(2)合理配速。设计当天跑步的配速,前期配速不可太快,避免过早消耗尽体内的糖原。当个体的脂肪氧化能力不够时，容易过早出现“撞墙”现象。赛前的运动计划主要是为了通过训练更早地“动员”脂肪供能，使机体适应长时间的耐力运动。

3.马拉松赛前的膳食营养计划

赛前一周的营养策略可以采用糖负荷法，通过训练与高糖膳食配合，使运动员赛前糖储备大大增加。适当的糖负荷法可以延缓20%的疲劳，提高2%～3%的运动能力。此处以两天的糖负荷法为例。

(1)赛前1小时避免摄入大量糖分，因为胰岛素分泌会抑制脂肪氧化供能。

(2)糖负荷法：赛前36～48小时，按每公斤体重10～12克摄入糖类以满足糖原合成需要。(对高糖膳食有禁忌的人不可使用)

(3)原则上三次主餐，上下午的两顿间餐都应以碳水化合物为主，碳水化合物占总热量的70%以上，总摄入量达到10 g/kg(以体重计)。

(4)运动前补液：运动前4个小时建议摄入5～7 mL/kg(以体重计)的液体，如果在炎热环境中运动，运动前应多摄入300～400 mL液体；含电解质的运动饮料比纯水更易促进液体摄入。

(四)理论依据

1.“极点”现象理论

出现“极点”后，可以通过降低运动强度来继续坚持运动。随着人体机能的调节、内脏器官机能的改善，氧供增加，体内乳酸代谢的速率加快。当克服自主性神经中枢的生理惰性后，极点现象的症状会消失，体内生理过程会再次平衡。也就是运动生理学上的“第二次呼吸”，此时呼吸重新变得平稳和均匀，人体的不适感会逐渐消失。

2.“撞墙”现象理论

简单来说，“撞墙”现象就是在马拉松赛事的后半程，一般指30公里之后出现的一种身体状态：非常疲惫，无法加快速度，提不起劲，脑海中甚至涌出退赛的念头。即便是马拉松的精英选手，在非最佳状态、配速不合理时也会遇到“撞墙”现象。这种现象并不是有超强的意志力就可以避免的，最关键的应对措施还是个人的身体素质过硬及整个赛程中速度的合理安排。

(五)关键要点

结合马拉松“撞墙”现象案例，了解其生理机制，引导学生学会在实际生活中区分“撞墙”和“极点”,以便及时采取合适的应对措施。

(1)关键知识点:引导学生在专业实践中提高分析问题和解决问题的能力,了解“撞墙”的具体表现,掌握最小化“撞墙”现象影响的方法,学会应用训练计划帮助选手提高应对“撞墙”的能力。

(2)关键能力点:具体问题具体分析能力、面对突发情况随机应变的能力和解决问题的能力。

(六)建议课堂计划

本案例可以在专门的案例讨论课上使用。表 3 是按照时间进度提供的课程计划建议,可供参考。整个案例课的课堂时间控制在 90 分钟内。

表 3 课程计划

	主要内容	时间安排
问题导入	请学生们在课前了解马拉松“撞墙”现象的具体表现形式和实际比赛的案例,时间自行安排。请几位学生介绍自己搜索到的马拉松“撞墙”的相关信息,教师做补充介绍,明确本节课的主题是马拉松的“撞墙”现象。开始本案例的初步自主学习	15 分钟
分组讨论	教师提出思考问题,告知学生发言要求,学生自主学习。小组成员对案例现象及其问题展开分析讨论,并阐述个人的观点和分析思路,最后整合小组看法	25 分钟
小组陈述与辩论	各小组选取一名代表,简述本小组对案例的分析和对问题的思考,还可将本案例中值得深入思考的问题提出来供全体学生进一步讨论交流。各小组汇报完后,对案例中涉及的问题以及讨论过程中同学提出的观点进行自由辩论,引导学生对马拉松“撞墙”现象有更进一步的理解和掌握	30 分钟
归纳与总结	教师首先应对各小组的讨论学习情况进行点评和总结,提出各小组的优缺点;其次,提出自身对本案例学习的看法,总结学习本案例的价值和本次课堂讨论有待完善的地方,引导学生进一步思考如何制订运动计划和营养计划	20 分钟

参考文献

[1]杨剑，杨树红.大学生马拉松跑过程中情绪体验的现象学研究[J].成都体育学院学报，2017，43(06)：14-20.

[2]田野.运动生理学高级教程[M].北京：高等教育出版社，2003.

[3]王瑞元，苏全生.运动生理学[M].北京：人民体育出版社，2011.

[4]何庆忠.马拉松训练方法的演变及其运动训练方法体系的构建[D].北京体育大学，2010.

第九章　运动中的猝死事件
——以高某某运动猝死为例

运动猝死虽然没有运动损伤那样高的发生频率，但其后果的严重性要远超运动损伤。2019 年 11 月 27 日凌晨，综艺节目《追我吧》的节目录制现场，嘉宾高某某在奔跑过程中突然倒地，在送往医院 2 个多小时后，该嘉宾因救治无效死亡，医院最终宣布其死因为心源性猝死。这一发生在公众身边的运动惨案引起了社会的广泛关注，如何有效预防运动猝死以及在出现运动猝死情况下如何进行生命急救成为社会重点关注的问题。

一、案例背景

（一）栏目介绍

《追我吧》栏目是由浙江卫视推出的夜晚城市实境追跑真人秀节目，"追我家族"与"追逐团"在夜晚的城市商务中心（CBD）中展开一场你追我逃的追逐战。这是一个非常挑战人体体能极限的节目。在时间设定上，该节目选择了在人体机能最低点的夜间进行熬夜拍摄。在节目设定上，设置了"梅花桩""飞檐走壁""徒手爬高楼"等各种高强度和高难度环节。时间限制进一步加大了挑战难度，在关卡与关卡之间，嘉宾们没有太多的时间用来调整和休息。

（二）人物介绍

高某某，男，35 岁，平时喜爱打篮球，长期健身，身体素质良好，在节目录制前的体检中体能指标一切正常。但前一天在室外连续工作了 17 个小时后，高某某已经有轻微的感冒症状。

二、案例正文

(一)突发意外

2019年11月27日凌晨,在浙江卫视的综艺节目《追我吧》的录制现场出现了意外情况。高某某当时的挑战是接力跑,由于队伍处于落后状态,高某某一直在冲刺。可是事情慢慢不对劲。首先是高某某被素人超过了;接着,正在奔跑的高某某动作越来越慢,上台阶时甚至需要手扶着栏杆,走路开始不稳。凌晨1:30左右,高某某在一个花坛边,一边喊着“我不行了,我不行了”,一边停下了脚步。再接着,他朝花坛直愣愣地倒去。

最开始时,没人察觉到异样。一方面,观众可能以为这是用于引人注意的情节设置;另一方面,在此之前宋某某也因为喘不过气而躺在地上半天缓不过来,但他在吸氧过后还是回到了赛道。所以大家以为高某某休息一下就没事了。这时摄影师也只是赶到他身后,想拍一点高某某的特写。“他眼睛好像不太对劲!”现场一名男明星说道。随后黄某某也反应过来,大声喊:“救命啊!”节目组迅速寻求医护人员救助。随后,高某某被抬上救护车,送往医院。2个多小时后,医院最终宣布其为心源性猝死。

(二)运动猝死的前因后果

1.运动猝死频发

世界卫生组织对于运动猝死(exercise sudden death)的定义为:运动员和进行体育锻炼的人在运动中或运动后24小时内的意外死亡。其中,心源性猝死占据了运动猝死死因的81%。

近年来,我国运动猝死事件频发。2020年4月,在短短的6天里,就发生了三起运动猝死惨案:4月12日在武汉进行的一场业余足球比赛中,一名中年男子不幸去世;4月14日下午,温州市第二实验中学一名未满16周岁的男学生,在进行集体跑步活动中晕倒,紧急送医院后,抢救无效身亡;知名马拉松赛事摄影师“一米阳光”于4月16日晨跑时不幸离世。无论年龄大小,不管有无疾病,运动猝死随时可能发生在我们身边。这些事件也在不断地警示我们,在日常生活中应关注运动猝死的预防与急救知识。

2.运动猝死的信号

运动猝死来临之前会有哪些信号呢?

(1)身体乏力:表现为怎么睡都睡不够,浑身无力,精神不佳。这提示患者必须赶紧停止运动计划,好好休息,情形严重者应及时前往医院就医。

(2)心跳快:许多猝死患者在出事前几周或两个月内,有过突发性的心跳加速或不规律的心跳。特别是心律不齐伴随心跳快,这提示了室性心动过速,需要引起重视。

(3)胸闷:如果近一段时间出现胸闷,要警惕心血管疾病,这提示患者的心脏最近比较虚弱,血氧含量少。尤其在晚上睡觉中感觉胸闷,一定要特别小心防范猝死。

(4)胸口痛:一过性胸痛的规律是一次比一次厉害,胸痛频率明显增多。如果患者出现了这样的情况,那么很可能是心肌缺血。如若患者对该情况置之不理,将会面临心肌梗死的可怕后果。当心肌缺血引起的疼痛从胸口反射到脊髓时,患者还会出现颈肩疼痛、下巴痛、耳朵痛的症状。

(5)大量出汗:这里的大量出汗,指的是没有做什么事,却无缘无故地大量出汗,运动后出汗不算在内。在心脏病发作前,整个身体的各个部位都会比正常状态下出更多汗。

(6)眼前发黑和肢体麻木:脑卒中也是引起猝死的重要原因。尤其是患有高血压、冠心病或房颤的患者,脑卒中的发生率高于普通人群数倍。如果出现单侧看不到东西,单侧肢体麻木、乏力,或走路不稳、有踩棉花感,应警惕脑卒中的发生,及时就诊。做到早期识别,往往可以取得较好的疗效。

如果患者在运动前就有上述其中一项不适,其实这是身体在自我警告。患者需要立即停止运动,严重者一定要去进行相关的医学检查。

3.心源性猝死

(1)前驱期:出现胸痛、气促、乏力、软弱、持续性心绞痛、心律失常、心衰等症状。

(2)终末事件期:严重胸痛,急性呼吸困难,突发心悸或眩晕等。

(3)心搏骤停期:①突然的意识丧失或抽搐,可伴有惊厥;②大动脉(颈动脉、股动脉)搏动消失,脉搏扪不到,血压测不出;③听诊心音消失;④叹息样呼吸或呼吸停止伴发绀;⑤瞳孔散大。

(4)生物学死亡期:心搏骤停发生后,大部分患者将在 4～6 分钟内开始发生不可逆脑损害,随后经数分钟过渡到生物学死亡。

值得强调的是,如果在前驱期、终末事件期和心搏骤停期及时进行有效的心肺复苏术,拯救患者的概率将大幅提升。

（三）猝死时如何救助

在该案例中，同样应该引起关注和重视的是群众对运动猝死的辨别能力和实施急救能力。当一个人倒地之后，应该第一时间测试其脉搏跳动情况，去判断他是晕厥还是心搏骤停。如若是心搏骤停，即应立刻进行心肺复苏，抓住“黄金四分钟”。如若只是晕厥，就可用祖辈流传的方法——掐人中，可使患者在短时间内自动苏醒。

1.黄金四分钟

心搏骤停即心脏射血功能突然终止，会导致重要器官严重缺血、缺氧。如果不及时救治，将导致生命终止。对于心搏骤停的患者，4 分钟内进行心肺复苏，患者的存活率在 50%以上，又称“黄金四分钟”。现代医学证明，心跳停止 4 分钟，脑细胞内的 ATP(腺苷三磷酸)耗尽，就可能产生不可逆转的大脑损伤。若能在 4 分钟内进行心肺复苏，脑细胞的损伤可以逆转，复苏成功率可达 50%；超过 8 分钟开始抢救，复苏概率几乎为零。

2.CPR(心肺复苏术)

只有正确行使心肺复苏术，才能有效救治患者。看似简单的流程却有很多复杂的知识点和注意事项，具体可参照图 1。

首先，要对患者情况进行判断。一手食指和中指并拢，置于患者气管正中部位，滑至胸锁乳突肌内侧缘凹陷处，确定患者是否需要进行心肺复苏术。然后，对确实需要进行心肺复苏的患者进行救助。其中，心肺复苏术的顺序可总结为 CAB，即 C——胸部挤压，A——保持气道通畅，B——人工呼吸。

C——胸部挤压。部位：胸骨中下 1/3 交界处，或双乳头与前正中线交界处。定位：用手指触到靠近被施救者一侧的胸廓肋缘，手指向中线滑动到剑突部位，取剑突上两横指，另一手掌跟置于两横指上方，置胸骨正中，另一只手叠加之上，手指锁住，交叉抬起。

按压方法：按压时上半身前倾，腕、肘、肩关节伸直，以髋关节为支点，垂直向下用力，借助上半身的重力进行按压。频率：至少 100 次/分。按压幅度：至少 5 厘米；压下后应让胸廓完全回弹，压下与松开的时间基本相等。按压吹气比值为 30∶2。

A——保持气道通畅。需要注意的是，在进行人工呼吸前需要保证患者呼吸道开放，选用的方法有仰头抬颏法和托颌法(如果怀疑有颈椎损伤则应用托颌法)。

B——人工呼吸。按照比例进行人工呼吸：开放气道→捏鼻子→口对口→“正常”吸气→缓慢吹气（1 秒以上），胸廓明显抬起→松口、松鼻→气体呼出，胸廓回落。

单人：5 个按压/通气周期（约 2 分钟）后，再次检查和评价，如仍无循环体征，立即重新进行心肺复苏术。双人：一人进行胸部按压，另一人保持患者气道通畅，并进行人工通气，同时监测颈动脉搏动，评价按压效果。如果有 2 名或更多急救者在场，每 2 分钟应更换按压者，避免因劳累而无法保证按压效果。

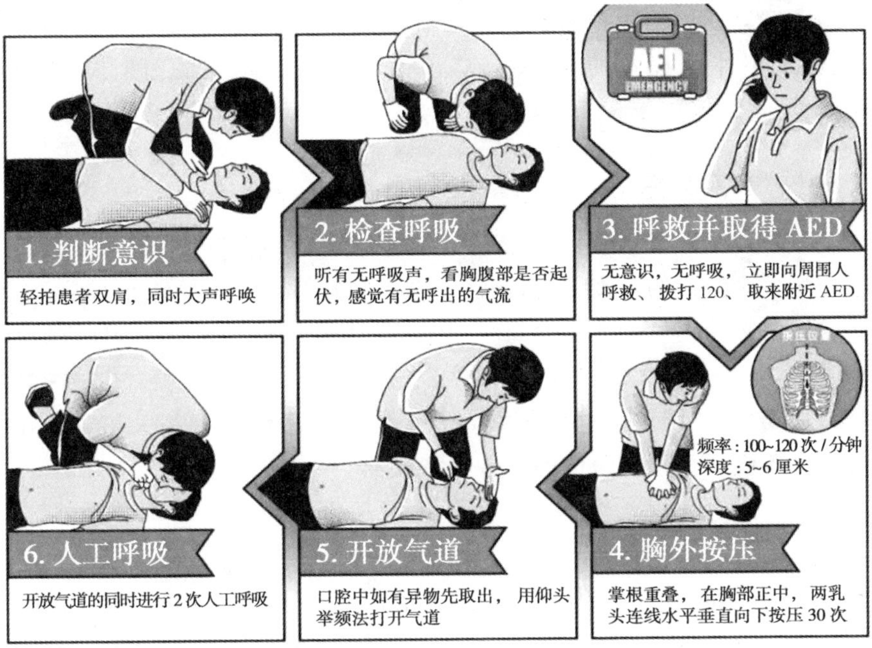

图 1 CPR（心肺复苏）——成年人版流程[①]

（四）结语

因运动猝死离世的悲剧在我们周边不断上演。在运动猝死发生时，及时施救是每个公民的义务，同时正确学习心肺复苏术也是每个公民的责任。积极参加卫生健康组织开展的生命安全主题培训课程，学习正确规范的急救流程，模拟实操特定情境下的急救方法，在遇到紧急情况时才能为患者生命提供最有效的支持与保障。

① 图片来源：中国红十字会。

三、案例使用说明

（一）教学目的与用途

（1）了解运动猝死的生理学机制，掌握运动猝死前的各种发生信号和心源性猝死的四个阶段特征。

（2）了解运动损伤防护与急救中心肺复苏术的基本理论与方法，熟练掌握心肺复苏术整体流程中的各项要点，思考心肺复苏术实施过程中可能存在的问题。

（二）案例思考题

（1）结合本案例，简述高某某发生运动猝死的原因有哪些。

（2）从生命安全的角度出发，阐述掌握心肺复苏术的重要性。

（3）根据案例提供的心肺复苏术流程，思考在实施心肺复苏术时的注意事项有哪些。

（4）近年来，我国多个群体都在普及心肺复苏术和进行相关培训。在现有的基础上，还应加强哪些角度的宣传和指导？

（三）分析思路

使用本案例时，可根据具体课程内容的需求，结合相关的理论与方法，从以下几个方面进行分析。

1.猝死原因

猝死原因主要是以下四点：①抢救不及时，②运动强度过大，③运动时间不科学，④大众急救技能欠缺。

2.掌握心肺复苏术的重要性

在日常生活中引起心脏搏动骤停的原因有很多。例如，食物/药物中毒、心脏病、高血压、触电、气体中毒、异物堵塞呼吸道、运动过量等都可能引起心搏骤停。患者的心脏突然停止搏动，导致人体心脏泵血功能故障，人体血液循环突然中止，进而引起全身组织细胞严重缺血、缺氧和人体新陈代谢停止，若患者未能及时获得有效救治，短时间之内就有可能会发生死亡。而心搏骤停不同于慢性疾病终末期引起的心脏停搏，在患者发生心搏骤停后若及时采取正确有效的心肺复苏急救措施，患者是极有可能被挽回生命并得到彻底康复的。

3.实施心肺复苏术时的注意事项

(1)口对口吹气量不宜过大，一般不超过 1200 mL，胸廓稍起伏即可。吹气时间不宜过长，过长会引起急性胃扩张、胃胀气和呕吐。吹气过程要注意观察患(伤)者气道是否通畅，胸廓是否被吹起。

(2)胸外心脏按压术只能在患(伤)者心脏停止跳动的情况下才能施行。

(3)口对口吹气和胸外心脏按压应同时进行，严格按吹气和按压的比例操作，吹气和按压的次数过多和过少均会影响心肺复苏的效果。

(4)胸外心脏按压的位置必须准确，不准确容易损伤其他脏器。按压的力度要适宜，过大过猛容易使胸骨骨折，引起气胸血胸；按压的力度过小，则胸腔压力小，不足以推动血液循环。

(5)施行心肺复苏术时应将患(伤)者的衣扣及裤带解松，以免引起内脏损伤。

4.拓宽心肺复苏术普及和相关培训渠道

(1)增加政府投资，建立专职培训机构：我国目前的急救培训效果总体不显著，群众急救意识和水平未得到有效提升。建议政府部门增加相关培训的投资，完善急救卫生教育体系，建立专职培训机构或通过志愿者培训来提高公民的急救水平。

(2)明确公民实施救护的权利和义务：借鉴国外的经验，可通过立法规定公民具有急救权利和义务，每个公民都可以义务参与救护工作；或在考取医师执业资格证前，接受急救知识技能课程培训。

(3)重视全民急救知识和技能的普及教育：10～16 岁的青少年接受心肺复苏、外伤处理等的课程学习；大型企业应根据企业规模配备急救员，根据行业特点设置不同的课程进行急救知识技能培训；外勤警察、消防队员、保安人员、机动车驾驶员、宾馆服务人员、公共场所的工作人员由于遇到的急救事件概率高，因此必须作为重点人群进行初级急救技能培训。

(4)加大宣传教育力度：充分利用现代媒体，如互联网、远程教育、电视、广播、报纸等多种形式普及心肺复苏知识，让公众知道遇见胸痛、昏迷、猝死情况时该如何处理。

(5)提高公共场所自动体外除颤器(AED)覆盖率：政府应主导设计 AED 布局网，对 AED 信息进行统一管理，并利用信息化技术绘制 AED 地图，根据人口基数、急救需求等因素，确定公共场所合理的 AED 配备数量，鼓励有条件的单位自行配置 AED,并由专人进行管理及维护。

(四)理论依据

1.心源性猝死和非心源性猝死

(1)心源性猝死:也称心脏性猝死,它指由于心脏原因导致的患者突然死亡。目前多数人接受的有关心脏性猝死的概念是:由于心脏原因所致的非预见性自然死亡,患者既往患有心脏病或无心脏病史,从发病到死亡的时间一般在瞬间至一小时之内。心脏性猝死在所有猝死患者中占绝大多数,有研究显示,在全部猝死患者中,心脏性猝死占 75%。其中最常见的病因是冠心病猝死,见于急性冠脉综合征(包括急性心肌梗死和不稳定型心绞痛)。美国心脏协会研究指出:"25%左右的冠心病患者以心脏性猝死为首发临床表现。"国内研究指出:"在心脏性猝死的患者中,80%的成人死因与急性冠状动脉综合征有关。"

(2)非心源性猝死:也称非心脏性猝死,指患者因心脏以外的疾病导致的突然死亡,约占全部猝死的 25%。临床常见的主要疾病包括呼吸系统疾病如肺梗死、支气管哮喘,神经内科疾病如急性脑血管病(如脑出血),消化系统疾病如急性出血坏死性胰腺炎等。此外还有主动脉夹层、严重的电解质紊乱(如内源性高血钾)等。

2.基础生命支持

基础生命支持(basic life support,BLS)又称初步急救或现场急救,是指在患者心搏骤停后,立即以徒手方法争分夺秒地进行复苏抢救,以使心搏骤停者心、脑及全身重要器官获得最低限度的紧急供氧(通常按正规训练的手法可提供正常血供的 25%~30%)。BLS 的基础包括突发心搏骤停的识别、紧急反应系统的启动、早期心肺复苏术、迅速使用自动体外除颤器除颤。对于心脏病发作和中风的早期识别及反应也被列为 BLS 的一部分。

(五)关键要点

本文对高某某运动猝死案例进行了分析,运用运动损伤防护与急救中的部分理论,引导学生学习并掌握实施心肺复苏术的具体方法。

(1)关键知识点:掌握在发生运动猝死前可能出现的信号,熟练掌握心肺复苏术的整体流程和注意事项。

(2)关键能力点:问题分析能力、随机应变能力和具体实施能力。

(六)建议课堂计划

本案例可以在专门的案例讨论课上使用。表1是按照时间进度提供的课程计划建议,可供参考。整个案例课的课堂时间控制在90分钟内。

表1　课程计划

	主要内容	时间安排
问题导入	教师向学生简短介绍本案例学习的主题,包括案例的大致背景、主要内容、案例涉及的主要问题以及理论	15分钟
分组讨论	小组成员对案例描述的现象和提出的问题进行分析讨论,并针对问题提出主要观点和分析思路,最后整合小组总体看法	20分钟
小组陈述与辩论	各小组选取一名代表,简明扼要地阐述本小组对案例的分析和对问题的思考,还可将本案例中值得深入思考的问题提出来供全体学生进一步讨论交流。各小组汇报完后,对案例中涉及的问题以及讨论过程中同学提出的观点进行自由辩论,引导学生对急救知识有更进一步的理解和掌握	40分钟
归纳与总结	教师首先应对各小组的讨论学习情况进行点评和总结,提出各小组的优缺点;其次,提出自身对本案例学习的看法,引导学生进一步思考	15分钟

参考文献

[1]姜崴,赵冬云,栗印军.心血管疾病临床护理问题集萃[M].沈阳:辽宁科学技术出版社,2020.

[2]刘向云,王茹.运动伤病病理学[M].北京:人民卫生出版社,2022.

[3]温煦,王轶凡,董瑞庆.运动前心血管筛查的国际经验与启示[J].体育科学,2021,41(01):75-82.

[4]耿志成,温煦.新时期青少年运动猝死预防的国际经验与中国方案[J].中国青年研究,2021(06):19-29.

第十章　草根体育组织的形成与运行

——以 A 业余网球协会为例

近年来，伴随着基层草根体育组织成长而兴起的群众性体育活动成为全民健身蓬勃发展的多元化标志。本案例在全民健身上升为国家战略的背景下，解析 A 业余网球协会的形成与运行情况，引导体育硕士专业学位研究生了解草根体育组织面临的组织管理等现实问题，并进一步培养其理论结合实践解决现实问题的能力。

一、案例背景

草根体育组织指的是根植于民间、由民众自发成立的、没有被法律认可但是具备民间组织的非营利性及非政府性等重要特征的一种体育组织。近年来，随着民众体育需求的日益增加，草根体育组织的数量与日俱增。草根体育组织对推动全民健身事业有着重要的作用，它们从少到多，由弱到强，逐步成为社会组织结构中的重要组成部分。非营利组织有着独特的民间优势，为政府与社会组织及个人架起联结的桥梁。但与正式的社会组织相比，草根体育组织存在自身能力不足、与外界联系不够等问题，目前的生存与发展还面临着许多困境。

A 业余网球协会是由一群热爱网球的人自发成立的非营利基层体育组织。该协会成立于 2015 年，是一个无场地、无经费、无专职人员的“三无家底”组织。如今，协会共有来自各行各业的 500 多名会员。他们在三个固定场地开展活动，并经常在比赛中获得优异成绩。

二、案例正文

天渐渐黑了，A业余网球协会负责人杨会长仍在沉思。杨会长前几日收到了体育局的通知，几位知名专家将于明天到访，了解协会的发展情况。因此，杨会长近日一直在总结协会的发展情况。虽然协会有许多会员，有固定的活动场所，目前发展情况较好，但仍存在资金短缺、组织管理不够完善等诸多问题。A业余网球协会未来该如何发展也还是个未知数，杨会长对此感到有些茫然。

（一）A业余网球协会形成

回想协会最初组建的缘由，杨会长认为完全是个巧合。协会是由2012年A业余网球俱乐部发展而来的。当时俱乐部内部的几位组织发起人因为俱乐部未来发展问题出现分歧，杨会长便带头成立了A业余网球协会。当时恰好有一个因群主无暇顾及而被搁置的网球爱好者微信群，杨会长就接手了群内成员的活动组织。群内网球爱好者与原A业余网球俱乐部成员一同成长，队伍逐渐发展壮大。

在A业余网球协会的形成过程中，兴趣成为协会和成员间的重要纽带。大家以球会友，因趣结缘，不论职业、不问出身，只谈打球。互联网的广泛使用为有相同兴趣的人提供了交流的平台。协会依托微信群来成立组织、发展成员和筹划活动。目前主要有3个微信群，每个群聊人数在150～200人。

杨会长感慨："来到我们这个组织的人都是以球会友，不管你在社会上是什么身份，大家只在球场上论英雄。很多人能够在这块场地上找到自己的一片天地。同时，这个群体又是一个非常融洽、有人情味儿的团队。别的不说，光是因为打球相识、结婚的球友就有四五对。另外，还有很多协会成员互帮互助的事情，谁有困难或其他事情，在群里一说，马上就有人帮忙解决。"

（二）A业余网球协会的运行

1.线上号召，线下打球

每个微信群有两名管理人员，负责召集大家和协调场地。管理人员没有薪酬，享受的福利是免费打球，有时能够得到免费的装备和队服。管理员线上号召大家，成员线下打球。

协会采用评级制度，每3个月进行一次等级评定，给成员进行高、中、低水平划分，以此作为依据进行后续活动安排。管理人员会根据成员网球水平的不同来合理安排时间段和场地，满足不同水平成员的需要。

组织活动丰富多样。除了日常组织协会内部的网球比赛活动以外，A 业余网球协会还会定期组织与其他兄弟俱乐部的交流赛，增强活动趣味性。另外，协会还组织一起聚餐、唱歌、郊游等多姿多彩的休闲活动。杨会长说："希望组织成员在这里可以找到第二身份，轻轻松松享受网球运动和结识新朋友的快乐。"

2.组织资金

A 业余网球协会实行会员制，会员主要分正式会员和临时会员两种。正式会员需要满足：①自愿加入协会；②能遵守各项规章制度；③能够独立承担民事责任；④有提高自身球技的意愿和坚持不懈锻炼的毅力；⑤有预存会费，新会员以 200 元为基础；⑥有一定的网球基础；⑦能够行使会员权利、履行会员义务。临时会员是指临时参加网球活动者，不需缴费，在参与一次活动后确定能否成为正式会员。

A 业余网球协会日常活动资金主要来自会员会费和协会成员筹集。协会对成员会费和筹集资金的记录比较详细，会有热心的会员充当管理员去记录成员的支出；而其他方面的收入与支出记录很少。关于这方面，杨会长说："除了会费和成员筹集的钱之外，剩下的基本就是外来的赞助了。但我们这里赞助基本没有，有的话也是很少一部分，通常就用来买奖品了，有时候会有多余的奖品，就会留着下次接着用；如果有多余的钱，就当作下次活动的启动资金。"

想到协会收入与支出时，杨会长长叹了一口气："虽然基本上是持平的，但基金来源比较单一，一般就是通过收取会费和成员筹集的形式获得，这些资金数额很小。"

3.规章制度

A 业余网球协会能够有序运行，主要是通过组织内成文的章程与不成文的约定等进行约束。

成文章程规定了会员的权利与义务、协会的组织结构、活动细则和管理制度等。组织结构的具体内容有：①会长：协调 A 业余网球协会的运作，制定发展方针等问题。②财务部：负责收费、记账，在"群共享"中发布账目明细表和各项优惠政策等。③技术部：负责审核新人网球水平，给现有俱乐部会员定级，发布俱乐部各项赛事的竞赛规程，组织俱乐部各项赛事，安排对外比赛的会员名单，组织协调日常俱乐部活动等。④日常事务部：负责日常活动报名、新会员入群审核等工作。

协会成员享有的权利有：①在协会内充分享有对管理人员工作的监督权；②有权利参加协会开展的各项活动；③对协会的各项工作有建议权和批评权；④有入会自愿、退会自由的权利。

协会成员应履行的义务有：①遵守国家法律法规及本协会章程；②执行本协会决议，完成交办的各项任务；③积极参加协会开展的各项活动；④维护协会的荣誉与利益。

不成文的约定主要包括安全和活动参与。一方面，对于任何体育组织来说，安全问题是最令人担心的。"每次活动都是自愿参加，责任自负。管理人员只是活动组织者，大家凑在一起玩，万一出现安全问题，协会担负不起责任。"每次活动举行前，管理人员都会提醒安全问题。偶尔有人磕着碰着，出现一点小意外，大家都自行解决，不给组织添麻烦。杨会长深知协会成员安全的重要性，他把能做到的都尽量做到，包括平时学习急救知识，在固定活动场所准备医药箱、硝酸甘油、速效救心丸、创可贴、云南白药等，此外协会今年还新购买了心肺除颤仪。"安全第一。之前一直觉得白纸黑字写清楚责任归属太薄情，但是今年还是会准备同成员签免责声明，万一有安全问题出现，成员放弃对组织者追究责任。一旦出现人身安全问题和可能带来的纠纷，是很棘手的。"另一方面是活动参与。只有正式会员才可以代表A业余网球协会参加比赛。一般情况是，有比赛的时候，本着为协会争光的原则，协会成员内推，谁网球打得比较厉害谁就上场。

因为组织内有章程与约定，杨会长庆幸，"这么多年没有发生过大的问题，举办活动事先规划，谁去参加比赛也提前交代好，出现矛盾则依据章程和约定来处理，加上互相理解，大事化小、小事化了，都可以解决"。

（三）A业余网球协会存在的问题

1.发展目标不清

想到协会的未来，杨会长说："我们要做的是打造一个平台，在这个平台上我们约球、放松。但仅仅这样的话，协会又没有太大的发展空间。"通过与成员聊天，他了解到成员们也只是想有一个可以约球的地方。当谈及协会有没有可能解散，有成员说："不可能的，人这么多，怎么可能解散？"也有人说："真要不行，参加别的网球协会也行。"草根体育组织的发展目标普遍是建立平台，大家都没想过要发展成什么样的组织、可以承接什么样的服务等问题。

2.资金来源单一

草根体育组织是由民间自发组织的，在没有政府资助和社会支持的条件下，社团资源极其匮乏，比如资金、场地等方面。现阶段，A业余网球协会经费来源比较单一，主要靠会费和成员筹集。想到活动场地时，杨会长回忆说："当时，我们与社区就场地问题进行了很长时间的讨论才达成一致，以满足成员日常活动的需要。"一般来说，体育社团开展各项活动所需的经费同其能够筹集到的资金之间严重不均等。"相较于规模较小的草根体育组织，我们协会已经算是比较好的了，人数比较多。当要举办活动时，活动资金就从成员会费当中出。一般情况下是不够的，还需要在群里进行筹集。大家本着对网球的热爱，态度比较积极。但是长此以往，也不是个办法。"

3.运作机制不健全

虽然A业余网球协会内部规章制度建设比较完善，具有组织化的特征，但是实践过程中缺乏一套行之有效的运作机制。"日常活动中，每周都会有报名了但临时缺席或者朋友'空降'的情况。遇到这种情况时，处理起来是比较费劲的。活动场地是固定的，人太多或者太少都会影响活动效果。"另外，协会并没有专业的管理人才，组织过程专业性不够，具有随意性、盲目性。对于工作人员而言，他们本身有自己的工作，所以只能在工作以外的闲余时间进行活动的组织与管理，身兼两职，未必能随时尽心尽力。此外，协会工作人员流动性较大。"人工的管理会越来越少，愿意付出而不求回报的人越来越少，激情也越来越少。"杨会长说："我们这一代人喜欢靠人情来处理事情，协会成员做事就是这样。在活动里没有薪资，时间久了难免会觉得收获不足。如果长期这样，热情和激情都会被磨灭，成员也就没有干下去的想法了。"

（四）结语

已经进入深夜，杨会长还在思考着A业余网球协会未来发展问题，打算明天咨询一下领导专家。他相信在领导专家的指导下，协会会找到现阶段问题的解决办法。虽然目前草根体育组织的发展既没有丰富的经验可参考，也缺乏系统的理论指导，但他希望通过在未来实践过程中的不断思考与积极探索，找到一条适合A业余网球协会的发展之路。

三、案例使用说明

（一）教学目的与用途

（1）结合案例，了解草根体育组织的概念、形成以及组织管理等基本理论，熟悉草根体育组织的管理与运行过程。

(2)引导学生深入地认识与思考草根体育组织发展过程中面临的困境,并提出解决方案。

(二)启发思考题

(1)结合案例,分析草根体育组织形成应具备的要素。

(2)分析草根体育组织发展过程中存在的问题。

(3)思考草根体育组织未来该如何发展。

(三)分析思路

使用本案例时,可根据具体课程内容的需求,结合相关的理论与方法,从以下几个方面进行分析。

1.草根体育组织形成要素

趣缘行为以运动锻炼兴趣共同体为导向,不断凝聚个体的圈群认同,进而实现由个体到草根体育组织这一群体的演变。在此演变过程中身份认同和情感归属是核心要素,且以聚类表达、个性关联和群体互动为特征。结合草根体育组织形成基础和运行机制分析,草根体育组织应具有以下五个要素:①一定的组织成员规模,②特定的领袖人物,③相对固定的活动空间,④组织的规章和管理制度,⑤群体的认同感和成员的归属感。

2.存在的问题

(1)组织资源匮乏:一般来说,草根体育组织的资金来源比较单一,一般通过收取会费的形式获得,这些资金极其有限且数额很小,对于组织活动所需资金来说只是杯水车薪。因为存在一定的捐赠风险,政府、企业及个人对于草根体育组织的捐赠较少。除了资金短缺以外,场地资源也较为匮乏。当前,我国民众的体育需求越来越多,草根体育组织的数量也在逐年增多。还有很多草根体育组织没有固定活动场所,常常为开展体育活动而四处寻找场地。

(2)发展目标不明确:虽然我国各类草根体育组织数量庞大,但多数组织机构发育不健全,在组织机构设置方面还存在较大的随意性、盲目性,往往处于一种比较松散的组织状态,大多缺乏长远发展规划和专业的人力资源管理人才,工作开展较为随意,常常是走一步看一步。

(3)内部管理制度不成熟:我国目前大部分草根体育组织的机构设置不合理,财务监管机制缺失,专业体育管理人才缺乏,财务收支管理不清,监督和评估机制不到位,导致自身治理疲软。

3.解决途径

(1)摆脱资源困境:草根体育组织应正视自身问题,寻求更多的筹资渠道,对外积极宣传,通过树立公益性目标等方式来扩大社会影响力,使得更多人愿意参与到资助的行列中。与此同时,草根体育组织也应借助政府购买其公共体育服务的模式来进一步筹集资金。目前,许多地方政府已经把草根体育组织纳入购买体育公共服务的对象范畴,草根体育组织应抓住政府购买的机会,主动同相关部门进行沟通,借助政府购买服务来获取资金,为自身争取更多的机会。除了解决资金困境以外,草根组织也可以积极谋求同企业、事业单位之间的合作,通过为其提供体育服务的模式,让这些企事业单位开放场馆、硬件设施等资源,彼此建立互惠互利的模式。专业人才方面,草根组织可以同高校的体育学院建立联系,让更多优秀的体育人才到草根组织中进行实习或锻炼,给这些专业人才提供实习或就业机会的同时,也有利于解决自身人才不足的问题。

(2)打造良好氛围:草根体育组织应打造良好的氛围感来让爱好者们有归属感,了解协会成员需求,与协会组织成员商讨未来发展方向并达成一致,多方面进行创新。用创新化的自我约束、自我管理的运作模式,为普通民众开拓日常化、便捷化、持续性的参与渠道。草根体育组织应主动加强与多方社会主体联系,包括基层政府部门、体育社会组织、新闻媒体或其他草根体育组织等,“等、靠、要”的策略解决不了发展中存在的问题,必须主动建立与其他社会主体的联系。

(3)扎根基层群众:根据群众的需求、特点组织活动内容并及时更新项目内容,创新群众参与方式;主动制造“黏度”来提高成员对组织的认同,增强成员归属感;主动引入懂体育、懂管理的专业人才,建立健全规章制度,实现规范化发展,提高组织自身能力。

(四)理论依据

1.草根体育组织概念

草根体育组织是指在自愿的基础上,由民众自发组织、自我管理,以在社会基层组织和开展体育活动,满足普通民众体育需求为主要目标的体育组织。具有民间性、独立性、非营利性、运动性等特征。目前,我国的草根体育组织主要分为三类:企事业单位成立的体育俱乐部、在工商部门注册的各单项运动协会、没有注册的群众健身组织等。

2.公民社会理论

公民社会理论认为社会组织具有巨大的功能。中国公民社会的形成与壮大为我国民间组织的形成与发展提供了广阔的生存空间,A业余网球协会正是兴起于这样的社会背景之下,人们自愿自由结社、构建组织,并积极发展。民间组织是中国公民社会的重要组成部分,大量的、草根的民间群众体育组织的出现展示着改革开放四十多年来生活景象的一种变化。

3.自组织理论

A业余网球协会具有自发性与草根性,其能够有序地运行缺少不了组织下的非正式约束,自我管理、自我协调。自组织理论与他组织理论相对,最早产生于自然科学领域,而后通过知识迁移运用于社会科学领域。自组织机制存在于社会发展的每个角落,在这里自组织能力主要是指静态化的自下而上、自我组织的能力,揭示各种物质系统如何从无序到有序,从有序到更高级有序。

(五)关键要点

本案例结合体育管理学中的相关理论,分析了草根体育组织中存在的本质问题,思考并探讨其形成与运转的过程、问题存在的原因和解决方案。

(1)关键知识点:结合草根体育组织案例的学习,引导学生重视全民健身,学会组建和管理草根体育组织。

(2)关键能力点:分析与总结能力、批判思维能力、社会实践能力以及解决问题能力。

(六)建议课堂计划

本案例可以在专门的案例讨论课上使用。表1是按照时间进度提供的课程计划建议,可供参考。整个案例课的课堂时间控制在90分钟内。

表1 课程计划

	主要内容	时间安排
问题导入	教师向学生简短介绍本案例学习的主题,包括案例的大致背景、主要内容、案例涉及的主要问题以及理论	15分钟
分组讨论	小组成员对案例描述的现象和提出的问题进行分析讨论,并针对问题提出主要观点和分析思路,最后整合小组总体看法	20分钟

续表

	主要内容	时间安排
小组陈述与辩论	各小组选取一名代表，简明扼要地阐述本小组对案例的分析和对问题的思考，还可将本案例中值得深入思考的问题提出来供全体学生进一步讨论交流。各小组汇报完后，对案例中涉及的问题以及讨论过程中同学提出的观点进行自由辩论，引导学生对草根体育组织有更进一步的理解和掌握	40 分钟
归纳与总结	教师首先应对各小组的讨论学习情况进行点评和总结，提出各小组的优缺点；其次，提出自身对本案例学习的看法，引导学生进一步思考	15 分钟

参考文献

[1]郇昌店，张伟.群众性体育活动的草根动员与政府治理转型[J].体育科学，2018，38(12)：11-18.

[2]吉玉良，黄亚玲.追溯、扩展与融合：我国草根体育组织发展的“缘”文化审视[J].山东体育学院学报，2019，35(04)：47-53.

[3]李建林.嵌入性理论视角下我国草根体育组织的发展困境与路径选择[J].广州体育学院学报，2021，41(05)：45-48.

[4]杨志亭.我国草根体育组织的功能定位探析[J].哈尔滨体育学院学报，2022，40(01)：22-27.

第十一章 “5·22”甘肃白银越野赛之“殇”
——赛事组织的冷思考

随着民众生活水平和健康意识的提升，人们参与体育运动的热情也日益高涨，“越野跑热”持续升温。赛事热度不断攀升的同时，其背后的问题也日益突显。本案例详细描述了甘肃白银黄河石林山地马拉松百公里越野赛事故的经过，从体育赛事组织管理相关原理出发，分析事故发生的原因，为规范赛事组织运营带来启迪与思考。

一、案例背景

黄河石林山地马拉松百公里越野赛是白银市景泰县地方特色体育赛事，自2018年至2020年，已经举办了三届，前两届均获得了中国田径协会认证A类赛事，第一届还获评“铜牌赛事”“自然生态特色赛事”。2021年第四届黄河石林山地马拉松百公里越野赛暨乡村振兴健康跑于2021年5月22日举办，包括5公里乡村振兴健康跑、21公里越野赛、100公里越野赛三个组别，百公里越野赛共有187人报名，实际参赛172人。此次越野赛的比赛线路为：黄河石林景区门口（起点）—豹子沟广场—观景台—常生村—朱家窑—付家岘—金坪村—戚家泉—豹子沟广场（终点），全程96.07公里，共设置9个打卡点（CP点，除3号打卡点外，其他各打卡点均设有补给点）、1个转运点（6号打卡点）、1个补给点（SP点）。

二、案例正文

(一)事故发生过程

2021年5月22日早上,风和日丽,微风和煦。9时,第四届黄河石林山地马拉松百公里越野赛在甘肃省白银市景泰县鸣枪开赛,来自全国各地的172名越野跑运动员踏上征途。

鸣枪后不久,风力逐渐加大,在通过第二个打卡点CP2后,天气状况急转直下,气温骤降,细雨夹杂着细碎的冰雹,冷冷地拍打在运动员的脸上。从CP2到CP3要爬升1000米,道路变得陡峻又湿滑,选手们寸步难行。大多数参赛选手仅穿着短袖短裤,体感温度下降到−5～−3摄氏度。保温毯裹在身上,瞬间就被风吹散开,甚至还有选手的保温毯直接被大风给撕碎了。据参赛者回忆:“我把手指含在嘴里很久都没有感觉,舌头也冰凉。”

面对极端恶劣天气的侵袭,不少选手选择退赛,慢慢往回走。某参赛选手说:“就在CP2到CP3爬升的时候,天气明显变得恶劣,山上下起了冰雹、刮起了大风,很多人直接被吹成了滚地葫芦,已经有选手开始退赛,我也选择了下山。”下山的路异常艰辛,体力透支加上浑身湿透,他已经处于半迷糊状态,本能支撑他往前挪。被救后他才缓过神来,在跑友微信群中得知,不少选手已经失联。

开跑3小时后,噩耗传来。有参赛人员开始在赛事工作群发布求助视频,赛事组委会立即安排救援力量前去救援,先后救出18名参赛人员,但赛事组委会并未及时叫停比赛。14时左右,救援队伍到达上山点后发现雨急风大,还夹杂冰雹、冻雨,并伴有泥石流现象,救援难度逐渐增大。赛事组委会发觉现场情况的复杂程度已超越了自身的应对能力,才叫停了比赛,开始向各方求助增派救援力量。

“救援队在行进途中交通条件越来越差,快到搜救区域时,道路基本在河谷地带,有部分路段在山崖边,汽车不能通行,政府出动挖掘机、铲车开道,才能艰难前行。”一名救援队队员回忆道,“当晚气温很低,道路湿滑,救援条件艰苦。”经过一夜的艰苦搜救,救援队找到最后一名失联人员。最终确认172名参赛选手中,21人遇难。

(二)事故原因

1.赛前早已埋下安全隐患

此次越野赛运营方晟景体育文化发展有限公司2017年才开始承办马拉松赛事,专业人员数量严重不足,11名工作人员负责43项赛事工作。赛事主管宋某说:“主办方认为是成熟赛道,赛前没有对赛道重新进行勘测和检查。”直到比赛前一天宋某才拿到工作证,知道自己的身份是赛事主管。对于有着“马拉松中的极限运动”之称的越野赛来说,这听起来十分荒谬。曾有过多次越野赛经历的参赛者刘某在赛前曾主动向赛事组委会提出建议,要有完整的救援预备方案。“我当时提议,所有的选手佩戴鲜艳的标志,比如红领巾一类的,能发光的最好,方便选手白天和夜间结伴,一旦有问题也有利于救援,另外补给点还要有盐。”可惜他的建议未被采纳。

赛事摄影师郭某在CP2感到情况不妙后,曾联系组委会相关人员询问是否有取消比赛的意图,没有得到反馈。据参赛者回忆,他们在失去意识或受伤前,并未接到举办方叫停比赛的通知。依据《中国越野跑运动赛事组织标准》的指导意见,当赛事遭遇极端天气或其他不可抗力因素导致比赛不能按原计划进行时,可使用备用方案。而此次越野赛,组委会不仅没有备用方案,甚至叫停比赛都是在求救信息发布两小时之后。这不禁让人产生疑惑:在收到求救信息时组委会为何没有立即叫停比赛,是心存侥幸还是为了比赛收益?总之,组委会的错误决策付出了巨大的代价。

2.层层“防线”失守,终酿成惨剧

《中国越野跑运动赛事组织标准》规定,越野跑赛事必须根据赛道情况、天气情况、补给站设置情况等条件,对选手提出强制装备要求,并在赛事报名文件中进行说明。强制装备包括但不限于保温毯、救生口哨、水具,对于高海拔赛事,须要求选手携带具有防风及保暖作用的外套。但在组委会赛前为参赛者准备的装备清单中,冲锋衣等保暖装备仅作为建议选项,而没有作为强制装备,不少选手甚至是穿着短袖短裤比赛。赛道补给点的设置也存在不合理问题,CP2到CP3是此次越野赛最艰难的赛道,也是多数选手遇险的地方。一名参赛者在赛后回忆道:“从CP2到CP3,大都是石头与沙土混合的路况,很多路段非常陡,长度有8公里,需要连续爬升1000米。CP3没有提供任何补给,连小桌子都没有,只有两个工作人员在那里负责打卡。这也意味着,一旦发生意外,选手们得不到任何帮助。”最险要的地方却没有设置补给站,赛道设置并不合理。参赛者

没有及时将求救信息传出导致错过了最佳营救时间也是重要原因。赛后参赛者回忆道:“我们的手机都没有信号,许多人在吹哨子,但是没有救援人员及时响应。”组委会在赛前没有及时修缮赛道的通信信号,造成赛事组委会与救援人员、参赛选手联系不畅,求助信息、人员伤亡情况不能及时传递,无法确定失联人员的具体位置,严重影响了救援效率。

3.压死“骆驼”的最后一根稻草

此次事件中参赛者发生伤亡的位置主要集中在CP2到CP3之间,这也是此次越野赛爬升难度最大的高海拔赛段。但赛事组委会仅在CP2和CP4两个打卡点设置了定点医疗救助站,在难度最大的CP3只配备了2名志愿者负责打卡,在遭遇危险的时候,仅靠2名志愿者的力量是远远不够的。由于赛前没有制定相关救援预案,事故发生后救援组织混乱。39名蓝天救援队的队员负责整条赛道的救援工作,由于赛道距离过长,参赛者分布较分散,救援力量严重不足。当地乡村居民、县市省各级救援力量相继投入救援,景区也启用了两台直升机,尽全力搜救被困人员。但是恶劣的交通环境条件、复杂的地形地势条件极大增加了救援难度;高海拔落差导致救援人员无法开车进入,只能背着重重的救援设备徒步前行,加上气温极低,道路湿滑,救援条件极度艰苦。“斜坡最陡的地方大概有70度,必须手脚并用爬上去再返回来,两边都是落差近200米的悬崖,还要走夜路。”一名救援队队员回忆道。

(三)结语

一次越野赛造成21人遇难的重大安全事故,使得越野赛在我国的发展按下了暂停键,人们开始反思越野赛的安全问题和赛事的组织监管问题。从表面上看,极端恶劣天气是造成惨剧的直接原因,但暴露出更深层次的原因是赛事组织管理的漏洞,从赛前的风险评估、物资保障到赛时组织救援都存在令人诟病的问题。悲剧是警钟,也是推动我们革新的力量,安全事故背后的赛事组织该如何归位,发人深省。

三、案例使用说明

(一)教学目的与用途

(1)了解体育赛事组织管理与运营的基本理论,熟悉赛事组织的流程和方法。

(2)了解赛事组委会的组织架构,明确各职能部门的主要职责。

(3)了解赛事风险的内容和特点,学会识别分析赛事风险,掌握赛事风险管理的全过程。

(4)学会从项目管理的角度去组织一场体育赛事。

(二)启发思考题

(1)从赛事组织管理的流程出发,分析越野赛组织管理中存在的问题。

(2)分组讨论:运用所学知识,从组织者的角度思考,应做哪些准备来保证赛事圆满落幕。

(三)分析思路

使用本案例时,可根据具体课程内容的需求,结合相关的理论与方法,从以下几个方面进行分析。

1.存在的问题

(1)赛事主办方风险防范意识不强,未考虑遭遇恶劣天气等不可抗力因素可能引起的问题,且未制定备用方案。

(2)未按高海拔赛事标准,将防风保暖装备列入强制装备清单;赛道补给点设置不合理,在最难最险的高海拔赛段未设置医疗救助和补给点。

(3)未采取加强和改善通信条件的措施,导致最危险时刻通信联络不畅。

(4)赛事承办和运营公司组织、管理、运营水平低,未按规定制定专项应急预案和安保措施,应急救援力量准备严重不足。

2.大型赛事应急准备的基本内容

大型赛事应急准备的基本内容包括规则组织、组织机构、资源准备、知识准备和风险评估等。规则组织主要是了解国家相关法律法规并组织成文案,一旦紧急情况发生,做到有法可依。应急管理中的组织机构非常重要,事先在大型赛事中设立应急管理机构,并设立危机处理部门,成立协调小组,这对风险的预判以及整个应急救援都有重大的作用。此次白银马拉松事件有严重的资源准备不充分的问题。一切的应急活动要正常高效地开展,必须建立在充足的物质基础上。危机的应对过程需要大量的物质技术准备和基础设备准备,包括应急场所的建立、监控技术设备和预防设备的准备、救援物资的储备等。风险评估包括风险识别与分析,提前列出风险清单,并进行风险分析,进而根据风险分析的结果与风险准则进行对比,明确风险等级。

（四）理论依据

1.组织结构理论

组织结构是组织成员为实现组织目标，在管理工作中进行分工协作，在职务范围、责任、权利义务方面所形成的结构体系。建立赛事组委会及下设各专业的职能部门机构是赛事组织运营成功的关键环节，组织结构设置合理、职能划分明确、责任落实到人对于赛事圆满举办至关重要。赛事的组织机构主要包括办公室、竞赛部、安全保卫部、财务部、新闻宣传部、后勤部等主要职能部门，也可依据赛事的规格和规模设立必要的辅助机构。

2.风险管理理论

管理风险过程是一系列阶段的组合，包含风险识别、风险评估、风险应对以及风险控制四个阶段。对风险点的准确判断是制订风险管理计划的关键一步，然后要评估赛事风险问题并制定相应的策略和计划来减少、避免或转移潜在的风险，力求使风险对赛事的影响降到最低。通过制订计划、监督和对员工的培训来减少或避免赛事风险是风险评估的主要目的，而在此案例中，赛事组委会既没有甄别到风险，也没有采取有效措施减少或规避风险，这就为事故的发生埋下了安全隐患。

3.项目管理理论

项目管理是指运用科学的理论和方法，对项目进行计划、组织、领导、控制和协调，实现项目立项时确定的目标。体育赛事本身就蕴含着作为项目的基本属性，各项工作的管理符合项目管理的特征，从某种意义上说举办一项体育赛事就是完成一个项目。项目管理理论认为，项目是由要素组成的系统，应该从系统的整体性出发，研究系统内部各要素、各系统之间以及系统内部与外界环境之间的关系。同理，应用项目管理理论，我们可以把越野赛看成一个完整的系统，将赛事活动的各环节分解成若干责任单元，要求各部门按标准完成一个个小目标，最后汇总、综合成最终的成果，强调部分对整体的重要性，激励各部门负责人不要忽视赛事运营中任何一个环节的问题，以免造成赛事的失败甚至产生难以挽回的后果。

4.利益相关者理论

利益相关者理论是指在企业的活动中进行了一定的专用性投资，并承担了一定风险的个体或群体，其活动能够影响或改变企业的目标，或者受到企业实现其目标过程的影响。体育赛事的利益相关者是指在赛事举办过程中进行了一定的专用性投资，并承担了一定赛事风险的个人和组织，其活动能够影响或改变体育赛事的成功举办，也可能受到体育赛事举办过程的影响。这里的举办过程是一个“赛前—赛中—赛后”的完整过程，“专用性投资”包括人力、物力、财力、政策支持等其他方面。“赛事风险”不仅包括赛事活动本身的风险，而且包括影响其关联主题的各类风险。赛事的利益相关者主要包括举办地政府、赛事承办公司、参赛者、观众、新闻媒体、志愿者、赞助商等，他们在赛事组织运营中承担着不同的角色，也有不同的利益诉求。

（五）关键要点

本案例结合管理学中的组织结构理论、项目管理理论以及风险管理理论，分析了甘肃白银越野赛事故背后的原因，探讨了赛事组织过程中风险管理以及赛事组织规范的重要性。

（1）关键知识点：结合黄河石林百公里越野赛案例，引导学生了解组织赛事的流程与方法，学会用项目管理理论去组织运营赛事。

（2）关键能力点：分析与总结能力、批判思维能力以及解决问题的能力。

（六）建议课堂计划

本案例可以在专门的案例讨论课上使用。表1是按照时间进度提供的课程计划建议，可供参考。整个案例课的课堂时间控制在90分钟内。

表1 课程计划

	主要内容	时间安排
问题导入	教师向学生简短介绍本案例学习的主题，包括案例的大致背景、主要内容、案例涉及的主要问题以及理论	15分钟
分组讨论	小组成员对案例描述的现象和提出的问题进行分析讨论，并针对问题提出主要观点和分析思路，最后整合小组总体看法	20分钟
小组陈述与辩论	各小组选取一名代表，简明扼要地阐述本小组对案例的分析和对问题的思考，还可将本案例中值得深入思考的问题提出来供全体学生进一步讨论交流。各小组汇报完后，对案例中涉及的问题以及讨论过程中同学提出的观点进行自由辩论，引导学生对大型赛事组织有更进一步的理解和掌握	40分钟

续表

	主要内容	时间安排
归纳与总结	教师首先应对各小组的讨论学习情况进行点评和总结，提出各小组的优缺点；其次，提出自身对本案例学习的看法，引导学生进一步思考	15分钟

参考文献

[1]晏鸿，杨明，李佳琪，等.我国越野跑赛事发展的回顾反思与展望——兼论甘肃白银黄河石林越野赛事件的赛事组织[J].南京体育学院学报，2021，20(07)：61-70.

[2]乔泽波.体育赛事实施项目管理的背景、问题与建议[J].广州体育学院学报，2015，35(05)：30-33.

[3]张业安，肖焕禹，冉强辉.大型体育赛事媒介传播的相关利益主体分析[J].体育科学，2013，33(03)：71-80.

第十二章　民间赛事的筹备与举办
——以“远东杯”国际帆船拉力赛为例

近年来，民间赛事作为一项新兴的体育产业，在国家政策和经济双重推动下，焕发勃勃生机。本案例从A记者的视角出发，通过对“远东杯”国际帆船拉力赛创始人高君先生的采访，引导体育硕士专业学位研究生熟悉大型体育赛事的筹备与举办过程，提升其赛事组织与策划能力。

一、案例背景

青岛作为“一带一路”的重要节点城市和中国近现代帆船运动发源地，其特色运动之一便是海上帆船运动。2008年北京奥运会帆船比赛后，青岛以帆船运动为载体，着力开发“21世纪海上丝绸之路休闲体育发展带”，加强与“一带一路”沿线国家和地区间海上休闲体育运动的互联互通。

作为青岛本土开创的国际赛事品牌，“21世纪海上丝绸之路——‘远东杯’国际帆船拉力赛”是高君在2016年创办的一项包含拉力赛和场地赛的民间综合比赛。该赛事填补了中国、日本、韩国、俄罗斯区域没有长距离帆船拉力赛的空白，加强了21世纪海上丝绸之路沿线国家和地区之间的体育人文交流。2016年之后，该赛事航程不断增加，规模持续扩大，国际知名度与日俱增，是目前为止亚洲航程最长的世界帆联跨国二级离岸赛，搭建了体育、文化、经贸等领域的交流平台，通过人文合作促进了国际互通。

二、案例正文

太阳升起，尽情地挥洒着火热的激情，今天是A记者采访“远东杯”国际帆船拉力赛创始人高君先生的日子。两天前，A 记者收到了采访高君先生的任务，便开始上网查阅资料，围绕该赛事是如何起步的，为什么能够举办得如此成功，未来还将如何发展等方面着手准备采访稿。A 记者主要想通过与高君先生的深入交流，全面探究作为本土及民间赛事杰出典范的“远东杯”国际帆船拉力赛背后的故事与特色。

（一）前期准备

1.储备知识技能

A 记者：高先生，您当初是怎么接触到帆船的呢？

高君：我是土生土长的青岛人，一直对大海有着无比的憧憬，在 2005 年的时候报名了奥运会青岛帆船赛志愿者的招募。这是青岛第一次承办奥运会帆船比赛，我觉得应该为家乡出点力，所以去参加了志愿者竞选。我那个时候都 41 岁了，才正式接触帆船。

高君怀揣着对大海的热爱，加上自己的英语语言优势，顺利通过了选拔，成为奥运会竞赛部的首位志愿者。2006 年、2007 年，高君都以帆船测试赛志愿者的身份继续为帆船比赛服务，这些宝贵的志愿服务经历给了高君很好的学习机会。

A 记者：那您后面是一直在做志愿者吗？除了做志愿者，您还为举办帆船比赛提前做了哪些准备呢？

高君：对，其实做志愿者也是会上瘾的。在做志愿者期间，学了很多有意思的东西，比较熟练地掌握了竞赛方面的知识，满足了自己求知的欲望。但除了做志愿者之外，我自己也会去学习一些帆船的相关知识。

2008 年，第 29 届奥运会帆船帆板比赛在青岛奥帆中心展开，高君参与了中日韩三地远航，路线是从韩国釜山到日本福冈再到中国青岛。

A 记者：这次是您第一次参与远航吗？是什么感受呀？

高君：对，觉得特别兴奋，尽管第一次远航持续了三天，但还是有一种没有坐够的感觉，丝毫感觉不到疲惫。

2.组队参加比赛

2009 年，高君又一次作为志愿者参加了“沃尔沃环球帆船赛”。这时候的高君更多思考的是青岛乃至中国航海事业的未来发展。

高君：航海常被视为一种高端爱好，涉及深厚的专业知识和精湛技能。为了帆船运动的蓬勃发展，我们迫切需要更多人的热情参与和贡献。

于是,高君同法国友人洛伊克(Loik)及克利伯环球帆船赛伙伴杜飞一起发起了“WOB欢迎来航海”周末帆船赛。“这是一个面向广大航海爱好者的平台,无论您是专业航海家还是航海新手,只要怀揣对海洋的热爱,都欢迎加入我们的行列。对于初学者,我们有经验丰富的船员提供悉心指导,帮助您快速成长。”高君介绍道,自己跟朋友一起合作举办这个帆船赛的初衷也是为了培养新人,让大家喜欢上这项运动,感受比赛的乐趣,分享大家在航海中的快乐。

随后的几年里,高君致力于组队参加比赛,包括青岛市的“市长杯”“城市俱乐部杯”,到全国的“中国杯”,甚至到众多国际航海比赛,如“韩国杯”“釜山杯”等。“早期认识的一些朋友,后期一直都在合作,一起从当初的门外汉到如今的专业精通,有的人甚至成为国际赛事的组织者。”

(二)开始创办

有了前期志愿者经验的积累,高君不仅在专业技能上有了充足的准备,对于海航事业也有了更多自己的思考。

A记者:那您为什么想要创办“远东杯”国际帆船拉力赛呢?

高君:我参与过很多赛事,但大部分都是国外的。我也去过韩国、日本,但是相对整个远东地区来说没有那么大的赛事,我觉得我们应该创办一个大型赛事,把远东地区联系起来。我就去尝试一下,结果尝试后感觉还不错,越来越有成效。

正是抱有这样的想法,高君创办了“远东杯”大型国际帆船拉力赛。

1.创办资金

在创办初期,举办赛事的资金是高君最发愁的部分。一项大型帆船体育赛事的顺利举行离不开政府的政策支持和赞助商的资金支持。但高君认为,有了赞助商的支持就不得不考虑赞助商的利益诉求,他为了更纯粹地实现自己一直以来的梦想,就没有分散精力去找寻赞助商。

A记者:高先生,我们都知道举办如此大型的比赛肯定需要大数目的启动资金,那您是如何筹集的呢?

高君:我经营着“高氏私房菜”和“列侬餐吧”,举办帆船赛大部分资金由我自己来承担。

餐馆和餐吧是高君的主营事业和经济基础,帆船赛事所需的资金也是靠此保障。高君为了更好地把帆船贯穿到自己生活的各个方面,就在自己的餐饮店更多地加入了具有帆船元素的装饰品,这也成了广大帆友的最佳交流平台。

2.赛事筹备

“远东杯”国际帆船拉力赛从最初设想到最终实现花费了高君的很多心血。

A 记者:高先生,那除了资金外,在实际进行赛事筹办的时候,还需要做哪些工作呢?

高君:其实筹备赛事需要做很多准备工作,比如赛事 LOGO(标志)、赛事服装、奖杯的设计,还有考察能够举办比赛的城市与场地,与各地负责人进行沟通,招募工作人员等,举办一项赛事需要考虑方方面面。

无论是“远东杯”的 LOGO、奖杯、队服等各项设计,还是去日本、韩国等国家实地考察举办赛事的城市,以及各方面细节沟通,各种事无巨细的工作都由高君一个人来承担。

A 记者:高先生,在整个赛事筹备过程中,您觉得最困难的事情是什么呢?

高君:要是说最困难的事情,其实是确定举办比赛的城市和场地。但是,对我来说,这件事情虽然很困难,但也是非常有意义。因为只有确定了“远东杯”国际帆船拉力赛的场地与路线,才能实现本次比赛真正的价值与意义。

高君常亲赴竞赛现场,深入考察帆船竞赛各区域与节点的布局、赛场筹备状况、设施配备以及赛站内的各项运营。他不仅细致了解赛前准备与实施的每一个环节,还亲自观摩竞赛流程与赛站间的转场。在实地检查中,高君特别关注竞赛的实际操作与准备细节,提出诸多具有指导性的意见和建议,并直接参与工作流程的优化与改进。

A 记者:高先生,您在筹备“远东杯”国际帆船拉力赛的过程中,为了保证比赛顺利进行,有做过哪些准备吗?

高君:为了确保竞赛的顺利进行并维持其有序性,我们特地设立了包括综合、赛务、会务、后勤保障、宣传等在内的多个专业工作小组,对赛事的每一个细节进行精确划分,确保责任明确到人。全体工作人员以高度的热情、精细的规划和贴心的服务,为大赛打造了一个优质的环境,旨在助力参赛选手充分发挥其水平,取得令人瞩目的优异成绩。

(三)赛事举办

A 记者:至今“远东杯”国际帆船拉力赛也已经连续举办六年了,您能不能以首届为例详细讲一下赛事的举办呢?

高君:2016“远东杯”国际帆船拉力赛是一项包含拉力赛和场地赛的综合比赛,采用了博纳多 F40 龙骨型赛船。首届比赛一推出就引起了较好的反响,得到了青岛港的鼎力支持,并开辟出一条全新航线。

首届“远东杯”国际帆船拉力赛不仅得到世界第六大港口——青岛港的大力支持，还开辟了全新的航线——中国青岛—韩国木浦—中国青岛。

A记者：高先生，那具体赛事举办和参赛情况呢？

高君：首届比赛共有6支船队报名参赛，各船队均有丰富的参赛经验。

首届“远东杯”国际帆船拉力赛的参赛队伍分别是俄罗斯七尺队、韩国世翰大学队、澳大利亚道友队、法国博纳多队、清华大学队和青岛帆协队，各支船队都曾多次参加国内的帆船比赛。

A记者就首届“远东杯”国际帆船拉力赛的意义进行了提问。

高君：21世纪海上丝绸之路这一国家重要战略，于2013年10月由习近平总书记在访问东盟国家时首次提出。“一带一路”倡议既汲取历史智慧又展望未来，其核心理念在于促进沿线国家的深度合作与协同发展。这一倡议不仅彰显了创新进取的时代精神，更为沿线各国提供了共谋发展、实现共同繁荣的宝贵机遇，因此得到了国际社会特别是沿线各国的热烈响应。而2016年的“远东杯”国际帆船拉力赛，更是搭建了一个促进中日韩俄在帆船竞技、文化交流及经贸合作等多领域深入交流的新平台。

2016“远东杯”国际帆船拉力赛既是对青岛“帆船之都”城市品牌的全方位展示提升，也是对青岛建设蓝色经济领军城市、打造海洋合作平台的极大推动，更是对丝绸之路经济带和“21世纪海上丝绸之路”国家战略的积极响应。

A记者：高先生，就举办的历届赛事的发展与进步来说，都有哪些亮点呢？

高君：之后的几届“远东杯”国际帆船拉力赛的进步之处主要在于参与比赛的队伍增加、航线在不断扩展，扩大了比赛的影响力。

例如，2018年第三届“远东杯”国际帆船拉力赛开辟了青岛往返俄罗斯符拉迪沃斯托克的全新航线，6支船队驾驶40英尺(约12.19米)长的博纳多F40级帆船，在东北亚海域上演了异彩纷呈的顶级帆船角逐。2019年第四届“远东杯”扩容升级，首度登陆日本并在富山县设立了停靠站，全程达到了2300海里。来自中国、俄罗斯、韩国、日本、新加坡、澳大利亚等十几个国家和地区的8支精英船队驾驶相同的博纳多F40级大帆船进行比赛。

（四）赛事未来发展

1.助力青岛“帆船之都”品牌建设

“远东杯”国际帆船拉力赛的举办是开拓“21世纪海上丝绸之路”的全新尝试，旨在推动21世纪海上丝绸之路沿线国家和地区间的体育人文交流，增进东北亚地区之间的紧密联系，打通中日韩俄长距离帆船拉力赛航线，为逐步打造东北亚地区最具影响力的国际长距离帆船拉力赛做好积淀。

在A记者问到"远东杯"国际帆船拉力赛的未来发展时，高君说道："2008年奥帆赛之后的十年里，青岛市委、市政府一直致力于'帆船之都'城市品牌的打造，支持帆船运动发展。'远东杯'作为'帆船之都'的自主品牌赛事，整合体育、旅游、娱乐、时尚、经济等资源，提升了帆船运动文化的高度升级和跨界影响。未来，我们将以一年一度的'远东杯'国际帆船赛事为纽带，精心策划并举办系列活动，包括帆船赛事观赏、体育展演、帆船体验、文化交流及文创产品展示等，旨在推动'远东杯'帆船赛事与帆船会展、商务、旅游、文化等产业的深度融合。这一举措不仅进一步提升青岛'帆船之都'的品牌影响力，还将持续助力该城市在多元产业领域的全面发展与繁荣。"

2.扩大赛事规模

"远东杯"国际帆船赛事开展以来，吸引了中俄日韩等十几个国家和地区近300名高水平赛手争相参与。赛事为"一带一路"以及上合组织国家搭建了体育、文化、经贸合作新平台，成为中国青岛开放、现代、活力、时尚的新名片。

高君：在赛事组织层面，"远东杯"国际帆船拉力赛汇聚了韩国、日本、俄罗斯、中国等国的顶尖国际仲裁团队，确保比赛的公正性、公平性和专业性达到国际一流水准。同时，赛事在举办期间积极寻求与当地及国际帆船赛事的跨国合作，如成功携手韩国的"多岛海杯"帆船赛进行联合竞赛，共同打造精彩纷呈的赛事体验。值得一提的是，2019年，"远东杯"成功登陆日本，并荣幸成为世界最美港湾俱乐部大会的组成部分，在赛事收官之际，书写了"从富山湾到浮山湾"的辉煌篇章。展望未来，"远东杯"将持续探索多元化的推广策略，以进一步提升帆船运动的吸引力和国际影响力。

3.助力国际体育交流

"远东杯"的诞生和成长伴随着国家海洋战略的深入、"一带一路"建设的推进，不仅填补了中日韩俄区域没有长距离帆船拉力赛的空白，更使帆船这项世界运动项目充分发挥了"一带一路"国际合作赛事平台乘法效应，加强了中俄日韩四国在体育、人文、港口、旅游、经贸等领域的互联互通。

高君：山东港口青岛港集团强力加盟"远东杯"，借助这个平台进一步拓展与俄罗斯、日本等东北亚国家、地区间的合作交流，更好地为经济社会的高质量发展贡献港口力量。未来该赛事将进一步突出开放性、国际化和社会参与度，在赛事运行、产业开发、市场推广方面加强探索。

(五)结语

采访结束后,A记者向高先生表示了衷心的感谢。回到办公室,A记者开始梳理今天的采访。他认识到“远东杯”国际帆船拉力赛作为目前全国本土赛事、民间赛事的典型代表,其发展历程对于刚起步和面临转型的民间体育赛事的发展具有非常重要的理论与现实意义。在未来可持续发展的道路上,民间体育赛事还有很长的路要走。

三、案例使用说明

(一)教学目的与用途

(1)结合实例,了解“远东杯”国际帆船拉力赛的基本情况及其逐渐发展的过程和未来发展趋势。

(2)对于举办大型体育赛事的重要性有一定感性认识,并将理论运用到实践中。

(二)启发思考题

(1)结合案例,阐述“远东杯”国际帆船拉力赛作出的贡献。

(2)体育赛事给举办城市带来的影响有哪些?

(3)什么是体育赛事IP?如何打造?

(三)分析思路

使用本案例时,可根据具体课程内容的需求,结合相关的理论与方法,从以下几个方面进行分析。

1.赛事举办作出的贡献

(1)打造本土赛事:作为青岛倾力培育的自主品牌赛事,“远东杯”国际帆船拉力赛积极响应“一带一路”国家倡议,进一步巩固青岛“帆船之都”的国际品牌地位。通过帆船这一独特纽带,赛事不仅推动了沿线国家在体育、文化、经贸、旅游等多领域的交流与合作,还致力于构建21世纪海上丝绸之路的休闲体育发展带,为打造东北亚地区最具影响力的国际长距离帆船拉力赛奠定了坚实基础。

(2)扩大赛事规模:自从“远东杯”国际帆船赛事启动以来,它便以其独特的魅力吸引了中俄日韩等十多个国家及地区的近300名顶尖赛手竞相参与。这项赛事不仅为“一带一路”及上合组织国家间搭建起体育、文化、经贸合作的新桥梁，还成为中国青岛开放、现代、活力、时尚的城市新名片。随着赛事队伍的不断壮大，韩国、俄罗斯、法国、中国等国家的参赛队伍，以及来自澳大利亚、韩国、俄罗斯、法国、新西兰、美国、巴西、日本、中国等多国的优秀运动员纷纷参与其中，使“远东杯”在参赛队伍和赛事规模上均达到了国际顶级赛事的水准。

(3)促进城市发展："远东杯"国际帆船拉力赛被精心打造为一场场独特的体育文化盛宴，它已深度融入青岛的国际化发展战略中，并成为推动青岛城市持续发展的强劲动力。以2017年为例，“远东杯”船队中的“帆船之都”青岛“青年文明号”队伍，不仅参与激烈竞赛，更作为国际推广的青年先锋，致力于在东北亚地区推动“一带一路”青年国际交流，积极传播和推介“帆船之都”青岛的城市品牌。作为“青年文明号”的一员，船上的每一位船员都肩负着文明大使和文化大使的双重使命。他们不仅将青岛的丰富文化带到韩国，同时也将那里的所见所闻、所学所感带回青岛，用帆船这一独特的载体，搭建起一座加强中韩两国文化交流的桥梁。

(4)助力国际交流："远东杯"不仅填补了中日韩俄区域没有长距离帆船拉力赛的空白，更使帆船这项开放、现代、活力、时尚的世界体育项目，充分发挥了“一带一路”国际合作赛事平台乘法效应，加强了中俄日韩四国在体育、人文、港口、旅游、经贸等领域的互联互通。

2.赛事影响

(1)扩大社会影响，提高城市的地位，展示城市的形象。

(2)改善投资环境，加快城市的建设，创造良好的氛围与环境，吸引企业与商家获得理想的经济效益。

(3)提高人文素质，宣传城市的传统文化，培养全民参与和主人翁意识，提高国民身体素质和竞技体育水平。

(4)促进对外交流，展示城市的综合实力、旅游资源、科技成果。搭建市场运作的舞台，创造地区特色经济。

3.赛事运营

(1)首先，我们需要明确理解什么是IP，即Intellectual Property(知识产权)的简称。而体育赛事IP，则是体育赛事的产权及其衍生产品，这些构成了体育产业的核心价值和关键部分。在体育赛事的运营中，首要任务是确保取得优异的比赛成绩，以提升赛事IP的价值，这是吸引观众、赞助商和商务合作方的核心要素。其次，构建健康且正面的俱乐部或赛事品牌形象至关重要，这需要注重竞赛表演的文化建设，包括俱乐部的球迷看台文化、赛事品牌的广告服饰等。进入互联网时代，体育赛事表演运营模式更趋近于娱乐产业，通过微博、微信公众号等互联网媒介，对赛事赛程、明星运动员及场下精彩瞬间进行广泛报道与宣传，以此提升体育赛事表演品牌或俱乐部的用户黏性和影响力。

(2)如何打造：要成功打造真正的赛事 IP，赛事组织者需积极运营社群，确保赛事拥有独特的调性。赛事 IP 应深度融入目的地元素，充分利用目的地的各类资源，如历史遗产、自然风光和人文特色，通过赛事来全面展示和宣传一个城市。因此，赛事的策划与实施不应仅局限于比赛本身，还需从营销的角度出发，全面考虑如何最大化赛事的品牌价值和影响力。

这实际上是指赛事能否将目的地的资源转化为具有吸引力的产品。首先需要将资源转化为具体的产品，进而实现产品的品牌化，通过赛事品牌为目的地赋能。品牌化完成后，应引入与目的地相配套、符合消费升级趋势的业态。赛事 IP 落地后，应引入优质的酒店业态，融入更具吸引力的体验式活动产品或常态化的产品，以完善目的地的整体配套。因此，赛事并不仅仅是一场比赛，它更应当为文旅项目提供有力支撑。在运作过程中，需全面整合目的地的各类资源，呈现其独特的要素，并从更高层面协助目的地完善整体业态，提升整体吸引力。

赛事不仅是一个平台，它还具备强大的整合能力，能够汇聚文化、资源，促进国际交流，并有效带动相关产业的发展，甚至助力乡村振兴和精准扶贫。赛事与体育特色小镇等项目可以形成紧密的上下游关系，实现无缝衔接。因此，在打造真正的赛事 IP 时，特别是站在统筹目的地所有资源的高度，我们需要以规划者、建设者乃至投资运营者的视角，深思熟虑赛事的落地与布局策略，以确保其能够更好地赋能目的地，实现更大的综合效益。

(四)理论依据

1.体育赛事

体育赛事的核心在于提供竞赛及相关服务产品。其规模和形式受到竞赛规则、传统习俗及多种因素的制约，展现了项目管理的特性。赛事的组织不仅融入了丰富的文化背景，还蕴含着巨大的市场潜力，能够满足不同参与者共享体验的需求，实现多元化的目的与目标。体育赛事对社会文化、自然环境、政治经济以及旅游等多个领域产生深远影响，为社会带来显著的社会效益、经济效益和综合效益。

2.民间体育赛事

民间体育赛事指的是在广大民众中自发组织并举行的体育比赛活动，这既包括承载着深厚传统的民间体育赛事，也涵盖了由民众自发组织的现代群众性体育赛事。

3.体育赛事管理

体育赛事管理涉及赛事运作主体与一系列复杂多变的要素之间的交互，这些要素包括人力、财务、物资、信息、技术以及赛事目标和参与者的需求等。这些要素既包含静态的实体，如资源、目标等，也涵盖动态的活动，如运作管理。简而言之，体育赛事管理就是针对赛事运作所需的各种行动和涉及的存在要素进行的有效管理。

4.体育竞赛表演产业

体育竞赛表演产业作为体育产业的关键构成，其核心在于满足消费者对运动竞技观赏的需求，通过向市场提供多样化的运动竞技表演产品，推动一系列经济活动的蓬勃发展。这一产业的发展对于深度挖掘和释放消费潜力、持续改善民生质量以及打造经济增长的新引擎具有举足轻重的意义。

（五）关键要点

通过A记者与高君的交谈，系统梳理“远东杯”国际帆船拉力赛的运作流程，使学生了解该项目的基本情况及其逐渐发展的过程和未来发展趋势，使其对于举办大型体育赛事的重要性有一定感性认识，并将理论运用到实践中。

（1）关键知识点：结合本案例，学生应掌握体育竞赛表演业和体育赛事IP的知识内容，在进行赛事组织与策划时能够采取合适的措施、妥善分析处理问题。

（2）关键能力点：具体问题具体分析的能力、随机应变能力、社会实践能力和解决问题的能力。

（六）建议课堂计划

本案例可以在专门的案例讨论课上使用。表1是按照时间进度提供的课程计划建议，可供参考。整个案例课的课堂时间控制在90分钟内。

表 1 课程计划

	主要内容	时间安排
问题导入	教师向学生简短介绍本案例学习的主题,包括案例的大致背景、主要内容、案例涉及的主要问题以及理论	15 分钟
分组讨论	小组成员对案例描述的现象和提出的问题进行分析讨论,并针对问题提出主要观点和分析思路,最后整合小组总体看法	20 分钟
小组陈述与辩论	各小组选取一名代表,简明扼要地阐述本小组对案例的分析和对问题的思考,还可将本案例中值得深入思考的问题提出来供全体学生进一步讨论交流。各小组汇报完后,对案例中涉及的问题以及讨论过程中同学提出的观点进行自由辩论,引导学生对一场大型体育赛事的组织与管理有更进一步的理解和掌握	40 分钟
归纳与总结	教师首先应对各小组的讨论学习情况进行点评和总结,提出各小组的优缺点;其次,提出自身对本案例学习的看法,引导学生进一步思考	15 分钟

参考文献

[1]史国生,邹国忠.体育竞赛组织与管理[M].南京:南京师范大学出版社,2008.

[2]黄海燕,张林.体育赛事综合影响及其评估研究[J].武汉体育学院学报,2010,44(01):51-55.

[3]张瑞林,秦椿林.体育管理学[M].北京:高等教育出版社,2008.

[4]左庆生.体育管理学[M].北京:北京师范大学出版社,2010.

[5]吴宝升,易剑东.从分散治理到协同治理:我国民间体育赛事治理走向分析[J].体育与科学,2020,41(03):72-78.

[6]丁霞.体育赛事的社会影响和可持续发展策略[J].山西财经大学学报,2024,46(S1):73-75.

[7]何钢,倪军,何强.大型体育赛事风险管理的组织韧性:理论基础、现实挑战及提升策略[J].沈阳体育学院学报,2023,42(06):1-7.

第十三章　全民健身器材伤人，谁来负责？

习近平总书记强调，加快建设体育强国，就要坚持以人民为中心的思想，把人民作为发展体育事业的主体。全民健身活动的推广有效提高了国民的生活质量和健康水平，社区中公用健身器材的普及也为社区居民开展健身运动提供了便利。然而，近年来法院受理的侵权责任纠纷案件中，因公用健身器材年久失修、质量不达标或使用不当等原因引发的人身安全事故日益增多，加强公共健身器材安全管理问题的重要性日益凸显。本案例从社区书记的视角出发，以××社区为居民开展普法讲座为例，阐释了全民健身器材上发生意外事故的过程、过错认定、责任承担以及如何规避。本案例有助于体育硕士专业学位研究生掌握相关理论与方法，学会如何在社会体育指导与管理实践中规避此类伤害事故的发生，保障民众在全民健身中的权益，促进全民健身健康发展。

一、案例背景

今天是××社区开展全民健身器材普法讲座的日子。马书记一早就带领村委会成员开始布置活动场地。早上九点，受邀讲座的刘律师带领团队来到了小广场。

刘律师走上台，正式开始讲座。

他上来先抛了一个问题："各位爷爷奶奶、大哥大姐以及小朋友们，平时做不做运动呀？"

下面有积极的爷爷回答道："我们平时闲着没事都会出来溜达溜达，动弹动弹。"

刘律师又问道："那大家平时都在哪里运动呀？"

刘奶奶说道："我们啊，一般就在小广场或者街道上走走路，活动活动。"

刘律师又询问了一位伯伯："大伯，您平时会不会来小广场用健身器材活动活动啊？"

大伯回答道："我比较少，因为之前村里就有人因为健身器材受伤，虽然伤得不重，但我还是有些担心。"

刘律师说道："您担心的这个确实是一个非常关键的问题。我们今天过来也是因为你们社区要安装一批新的健身器材，所以来给各位爷爷奶奶、大哥大姐讲一下学会正确使用健身器材的重要性。那我们就先来说一下相关情况的案件吧。"

二、案例正文

（一）案件介绍

2020 年，李××吃完午饭后，前往小区花园处散步，看见路边设有高约 2.3 米的单杠，便伸手跃起，双手拉住单杠。不幸的是，由于双手滑脱，李××呈仰卧姿势倒地，后脑部撞击在坚硬的地板上，当即致颅内多处出血并深度昏迷，诊断为特重型颅脑损伤，抢救五天后死亡。他的妻子樊××和女儿李×向一审法院起诉，请求判决×××生活服务公司赔偿李××家属损失合计 733089 元。

一审法院认定了事实：李××死亡原因为特重型颅脑损伤、脓毒症、感染性休克。根据樊××和李×提供的事发现场照片显示：事发时，李××倒在健身单杠下的水泥地上，且该单杠上没有设置安全警示标语。调取公安机关对樊××的询问笔录可知：受害人李××在事发前的午饭时喝了酒；事发后，×××生活服务公司的工作人员赶往现场处理该起事故，并拨打了"120"急救电话通知医院前来抢救。

一审法院认为这是一起侵权责任纠纷。判决如下：①×××生活服务公司承担 20%的赔偿责任，于判决发生法律效力之日起十日内，向樊××、李×赔偿各项损失 146617.89 元；②驳回其他诉讼请求。一审案件受理费 5579 元，由樊××、李×负担 4467 元，×××生活服务公司负担 1112 元。被告×××生活服务公司提起了上诉，二审法院经过审理作出驳回上诉、维持原判的判决。

（二）案件争议焦点

刘律师介绍完这个案件后，便与居民们展开了集中讨论。

他问道："大家明白这么判的原因吗？"

一位大姐说:“刘律师,虽然我不清楚为什么这么判,但是我有一个疑问:这个人喝了酒,他受伤是因为使用这些器材吗?”

一位伯伯回答道:“法院都这么判了,肯定是因为健身器材啊,但是他喝了酒,自己也有责任。”

一位奶奶说道:“我不太理解这样的判决结果,这可是一条人命啊,我觉得这个×××生活服务公司有很重大的过错。”

马书记也说道:“刘律师,只判决×××生活服务公司承担20%的责任吗?”

刘律师听了大家的疑问后表示:“大家有这些疑问是很正常的,接下来我仔细跟大家分析一下这个案件。”

1.事故发生原因

该案件争议焦点之一为是否由于受害人李××使用涉案单杠致其死亡。

根据事发现场照片显示,受害人受伤时仰卧于单杠下方的水泥地,通过分析其卧倒的姿势以及卧倒位置与案涉单杠之间的距离,再结合医院的医疗资料记录的受害人死亡原因为“特重型颅脑损伤”的临床结论来看,可知上述情节之间的事实链条连续、完整。樊××、李×认为受害人在使用案涉单杠过程中不慎摔倒受伤的事实,具有高度可能性。刘律师说道:“刚刚那位大姐的疑问非常有道理,这里是说事实具有高度可能性。那我们接着来看。”按照民事诉讼采用高度盖然性的证据规则,在×××生活服务公司未能提供相反证据对上述高度可能的事实予以推翻的情况下,上述法律事实应予以认定。为此,对于樊××、李×主张受害人因使用案涉单杠而摔倒的事实,一审法院予以确认。

2.责任比例划分

该案件争议焦点之二为×××生活服务公司是否需要承担民事责任以及应当承担责任的比例划分问题。

(1)被告×××生活服务公司未尽到安全保障责任:单杠作为一种具有一定跌落高度的体育运动器材,公民在使用单杠进行运动的过程中存在一定的危险性。刘律师介绍道:“我国的《室外健身器材的安全通用要求》(GB19272—2011)的国家安全标准规定,在这些体育器材的所有碰撞区域内应当铺设着陆缓冲层,比如沙层、土层、橡塑地板等。另外,如果存在不安全因素可能对人体造成伤害时,该器材的维护或者管理人员应当在健身器材周围放置安全警示。”本案中,根据樊××、李×提供的事发现场照片显示,案涉单杠所在的一定范围内的碰撞地面的铺设材料为水泥,而并没有铺设着陆缓冲层,也没有在该体育器材上设置安全警示标语。为此,该公共场所的管理人×××生活服务公司并没有尽到相应的安全保障义务，依法应承担相应的侵权责任。

(2)受害人李××的责任：受害人李××是具有完全民事行为能力的成年人，应当知道使用单杠进行运动具有一定危险性，应根据自身状况小心谨慎地进行体育健身活动。李××在使用单杠时忽视了这一点，最终致其摔倒受伤，在主观上存在相当的过错；而且事发前李××午饭时喝了酒，其在酒后状态下使用单杠进行活动，会使运动的危险程度显著增加。刘律师表示："根据《中华人民共和国侵权责任法》第 26 条规定，人们自身在主观上具有重大过错时，可以减轻侵权人的责任。"

(3)责任划分：李××对该起事故的发生负主要责任，×××生活服务公司负次要责任(责任比例范围为 20%～40%)，结合×××生活服务公司的工作人员在事发后已经及时赶到现场协助处理事故，并及时呼叫了救护车到场救治，一定程度上履行了相应的救助职责。鉴于其表现，在评判其承担的民事责任比例时会予以适当考虑。

(三)提问讨论环节

刘律师解释了案件的争议焦点后，便开始询问居民们："各位还有没有什么疑问啊？大家畅所欲言，有什么问题尽管问，我给大家解答一下。"

1.全民健身器材归谁管

马书记提出了自己的问题："刘律师，我有一个问题：我们的全民健身器材不是由小区的物业设置安装的，而是体育局统一安装配置的，后期的管理与维护是哪个单位负责呢？"

刘律师回答道："马书记问的这个问题很关键。"

一般来说，公共健身器材主要由政府采购、体育部门赠予或开发商自行购置后投放。按规定，受赠单位负责管理和日常维护并承担经费；各单位自行购置的则由各单位负责管理维修和承担费用。安装单位将其投入与设置安装后，社区委员会应及时明确之后的管理维护单位，在日常生活中监督其工作并及时进行沟通。

刘律师说道："就像刚刚的那个案件，×××生活服务公司也抗辩过，他们认为其并非该体育器材的设置及安装单位，且该器材在交付与投入使用时符合当时安全标准。"

即便×××生活服务公司不是该器材的投入与安装单位，但其作为事发小区的物业管理单位，在日常提供物业管理服务的过程中依法负有对该小区内的户外体育器材进行维护与管理的义务与职责。此外，即使该器材在交付与投入使用时可能符合当时的安全标准，但物业管理单位也应当及时跟进器材的安全标准，以适应不断变化的社会发展需要，在发现该器材不符合当前安全标准、不能适应新形势安全保障条件的情况下，其仍有义务按照当前的安全标准对其管理的项目予以修复、完善。

2.儿童因全民健身器材受伤怎么办

居民们见马书记开了头，便都开始踊跃发言提问。一位奶奶问道："我比较关心我的小孙子，要是在这些体育器材上玩耍而受伤，这种情况是谁的责任啊？"

刘律师讲道："奶奶提的问题非常好，相信大家都对这个问题比较关注。因为在全民健身器材受伤的案件中，儿童青少年占的比重也是非常大的。我再给大家介绍一个与儿童相关的案件吧。"

四周岁的冬冬被母亲王××带到某小区内玩耍，在王××与朋友闲聊时突然听见冬冬的尖叫哭声，而后王××发现在小区内体育健身器材上玩耍的冬冬左手的食指已被健身器材夹断。对于儿童因为全民健身器材受伤的问题，主要有三个方面。第一点是，如果是人为造成儿童受伤的，应当承担赔偿责任，而冬冬这个案件不存在侵权人。第二点是，居委会和小区物业公司属于具有管理义务的单位，但未尽到该管理义务，未及时对健身设备进行检查、维修，导致健身器材存在一定的安全隐患，致使居民在使用健身器材时受伤，是造成社区居民人身损害的主要原因，对此负有过错，故应承担主要的赔偿责任。第三点是，未成年人使用健身器材时，一般应由监护者陪同指导。若因受害者未遵照安全使用说明或故意毁损健身器材等造成损害，受害者也应承担相应的责任。未成年人监护人未履行监护职责，对损害的发生也有过错。

3.如何避免

一位大哥说道："刘律师，我们该怎么避免发生这种事情呢？我们总不能不去使用全民健身器材了吧？"

刘律师回答道："这位大哥说到点子上了，那大家应该怎样防患于未然呢？我其实也不擅长体育专业领域，所以在讲座开始之前我专门向咱们社区的社会体育指导员请教了一番，在使用全民健身器材前主要需要注意三点。

"(1)在使用公共健身器材前，首先进行器材检查，若发现器材有损毁或缺少零部件应避免使用。其次，仔细阅读健身器材使用指南，按照指导进行使用。

"(2)公共健身器材并非玩具，多数健身器材不适宜儿童玩耍，家长要切实强化责任意识，在孩子使用健身器材前，应检查器材适用对象、安全状况以及使用指引，并从旁看护、给予指导，以免发生意外。

“(3)寻求社会体育指导员的健身指导，请其帮忙查看健身器材是否符合使用规范。”

(四)结语

讲座结束后，马书记鼓励居民们积极进行体育活动，但要注意在使用公共健身器材之前仔细检查器材的安全性，合理规范使用全民健身器材。在以后的日子里，他对于公共健身器材后期管理维护非常重视，在体育器材安装后及时检查其安全性，并监督物业公司进行器材维护，以免发生意外。小区内健身器材的维护和管理工作是非常重要的内容，不管是体育器材提供方还是物业服务方，均应当提前将责任划分清晰，以便及时管理、维护，防止存在安全隐患的健身器材致伤他人。

三、案例使用说明

(一)教学目的与用途

(1)结合实例，了解小区内全民健身器材引起伤害事故的体育法学理论，熟悉对于居民进行健身指导的流程与做法。

(2)在居民健身活动开展中，应注意检查健身器材的安全性问题，深入思考规避该类事件发生的做法。

(二)启发思考题

(1)相关部门如何加强对健身器材的管理维护？

(2)居民在全民健身器材上进行体育活动时，相关主体应分别承担怎样的责任与义务？

(3)如何规避此类伤害事故的发生？

(三)分析思路

使用本案例时，可根据具体课程内容的需求，结合相关的理论与方法，从以下几个方面进行分析。

1.健身器材的管理维护

安装健身器材是好事,管理维护必须跟上。小区内健身器材的维护和管理属于物业服务的重要内容,物业公司应当及时管理、维护,防止存在安全隐患的健身器材致伤他人。另外,公共健身器材并非玩具,多数健身器材不适宜儿童玩耍,家长要切实强化责任意识,在孩子使用健身器材前,应检查器材适用对象、安全状况以及使用指引,并从旁看护、给予指导,以免发生意外。

2.相关主体应承担的责任

(1)所有者或管理者承担公用健身器材的安全监督管理责任。设置于居民小区之内的公用健身器材,一般由物业公司进行管理或日常维修养护。位于公共开放性场所的公用健身器材,一般由其所有者或相关管理部门等进行管理和维护。

(2)生产者或销售者承担公用健身器材的质量担保责任。

(3)受害人自身存在过错而造成损害发生的,可以减轻侵权人的民事责任。

3.有效规避伤害发生

(1)机制:政府应主动建立完善有序的部门配合体制及由居民共同参与的体育风险防控机制。同时,居委会或管理维护方应该提前制订运动伤害紧急处理办法,各个部门之间协同配合,履行自身的职责。

(2)管理:第一,体育健身器材的质量安全标准至关重要。政府在采购体育器材时,应该谨慎、严格,必须按照国家要求购买符合安全标准的设施,体育器材的质量必须过关。同时,应该提前勘察社区内场地是否适合安装体育器材,是否存在其他安全隐患,还要定期检查体育器材是否老化、受损,是否存在安全风险。

第二,社会体育指导员应该充分履行职责。进行健身指导之前,应该仔细检查体育器材的安全程度以及场地是否适合运动。带领居民进行运动时,应该提前做好准备活动。如果有难度较高、技术难度大的运动,应该仔细教学、详细讲解,注意保护居民们的运动安全。

第三,社区委员会应该做好安全宣传和教育工作。在开展安全讲座、安全宣传等活动时,提醒居民们注意运动安全,重视体育运动伤害。

(3)群众:进入体育健身场地之前,应该仔细检查体育器材的安全程度以及场地是否适合运动。进行运动前,应该做好充分的准备活动。运动时,居民应该注意个人运动的强度与时间,时刻警惕器械的变化。

(四)理论依据

(1)根据《公共文化体育设施条例》第25条规定，公共文化体育设施管理单位应当建立、健全安全管理制度，依法配备安全保护设施、人员，保证公共文化体育设施的完好，确保公众安全。根据《物业管理条例》第55条规定，物业存在安全隐患，危及公共利益及他人合法权益时，责任人应当及时维修养护，有关业主应当给予配合。

(2)《侵权责任法》第37条规定，公共场所的管理人或者群众性活动的组织者，未尽到安全保障义务，造成他人损害的，应当承担侵权责任。据此，当公用健身器材超过安全使用年限或存在可能危及公众安全的隐患时，其所有者或管理者应当在履行日常检查的同时，及时进行设备的维修或更换，必要时应当在开放式健身区域设置相应的警示牌，警示某些不当行为，避免危险的发生。当公用健身器材的所有者或管理者在管理中存在过错而造成安全事故时，即应当根据其过错程度承担相应的赔偿责任。

(3)我国于2011年颁布实施的《室外健身器材的安全通用要求》(GB19272—2011)对公用健身器材的安全、质量、验收、安装、维护等提出了更高的标准和要求。《侵权责任法》第43条规定，因产品存在缺陷造成损害的，被侵权人可以向产品的生产者请求赔偿，也可以向产品的销售者请求赔偿。当公用健身器材的质量不符合相关国家安全标准，或在销售过程中产生了安全质量隐患而致人损害时，赔偿责任可以追溯到健身器材的生产者或销售者。

(4)《民法通则》第131条规定，受害人对于损害的发生也有过错的，可以减轻侵害人的民事责任。公用健身器材具有公益性质，设置地点一般位于开放式的公共场所。使用者应当参照健身器材的使用说明，正确、安全地使用健身器材，未成年人使用健身器材时，一般应由监护人陪同指导使用，尽可能地避免损害的发生。如果是由于受害人未遵照安全使用说明，或故意毁损健身器材等原因而造成的损害，受害人自身也应当承担与过错相应的责任。

(5)《全民健身条例》第30条规定，公园、绿地、广场等公共场所和居民住宅区的管理单位，应当对该公共场所和居民住宅区配置的全民健身器材明确管理和维护责任人。《中国体育彩票全民健身工程管理暂行规定》第3条规定，全民健身工程兴建地的街道办事处、乡镇人民政府、公园、小区物业管理部门等，是全民健身工程的具体受赠单位，拥有受赠资金或受赠资金购置的体育器材、设施等的产权，负责全民健身工程的建设、使用、维护和管理，保证使用的安全性和公益性。

(五)关键要点

结合本案例,学习公共健身器材管理的相关内容,引导学生思考侵权方、被侵权方与管理维护公司的责任与义务。

(1)关键知识点:分析因使用体育健身器材受伤案件中存在的本质问题,思考并探讨此类事件该如何规避。

(2)关键能力点:学习能力、分析与总结能力、批判思维能力以及社会实践能力。

(六)建议课堂计划

本案例可以在专门的案例讨论课上使用。表1是按照时间进度提供的课程计划建议,可供参考。整个案例课的课堂时间控制在90分钟内。

表1 课程计划

	主要内容	时间安排
问题导入	教师向学生简短介绍本案例学习的主题,包括案例的大致背景、主要内容、案例涉及的主要问题以及理论	15分钟
分组讨论	小组成员对案例描述的现象和提出的问题进行分析讨论,并针对问题提出主要观点和分析思路,最后整合小组总体看法	20分钟
小组陈述与辩论	各小组选取一名代表,简明扼要地阐述本小组对案例的分析和对问题的思考,还可将本案例中值得深入思考的问题提出来供全体学生进一步讨论交流。各小组汇报完后,对案例中涉及的问题以及讨论过程中同学提出的观点进行自由辩论,引导学生对全民健身器材的合理使用与规范管理有更进一步的理解和掌握	40分钟
归纳与总结	教师首先应对各小组的讨论学习情况进行点评和总结,提出各小组的优缺点;其次,提出自身对本案例学习的看法,引导学生进一步思考	15分钟

参考文献

[1]黄薇.中华人民共和国民法典侵权责任编解读[M].北京：中国法制出版社，2020.

[2]钱思雯.新《体育法》视野下体育活动风险范畴与组织者责任承担法律问题研究[J].天津体育学院学报，2023，38(04)：475-481.

[3]刘东波.全民健身路径管理中的责权问题研究[J].西安体育学院学报，2015，32(04)：415-417.

[4]黄彦军.全民健身路径伤害事故风险规避机制研究[J].体育文化导刊，2014(09)：37-40.

第十四章　体育运动意外伤害事故中的“自甘风险”原则

习近平总书记在教育文化卫生体育领域专家代表座谈会上强调，要坚持健康第一的教育理念，加强学校体育工作，推动青少年文化学习和体育锻炼协调发展。随着“双减”政策的颁布，学生们有更多的闲暇时间进行体育锻炼，体育培训行业迎来新的发展契机。然而，开展体育运动存在一定风险，如果不加以规避将产生难以预料的后果。本章以两起运动致人损伤事故为例，对体育训练和比赛发生伤害事件的过程、过错认定及责任承担进行阐释。同时，分析体育培训机构或学校体育运动的保障机制，引导体育硕士专业学位研究生掌握相关法律法规中的“自甘风险”原则。

一、案例背景

近年来，学生在校园内因体育活动而受伤的事故频繁发生，已经成为社会普遍关注的热点问题之一。在学生体育运动伤害事故的处理过程中，由于法律规范的欠缺以及理解上的分歧，人们对相关主体的责任认定问题常常存在争议。2020 年 5 月 28 日，十三届全国人大三次会议表决通过了《中华人民共和国民法典》，宣告中国“民法典时代”正式到来。《民法典》确立了自愿参加具有一定风险的文体活动的“自甘风险”原则，对于引导民众积极参与文体活动、解决因文体活动引发的纠纷具有重要意义。

二、案例正文

时光流逝飞快，吵闹的蝉鸣被秋天吹散了，天气渐渐凉爽起来。

学生们正坐在教室里，等待着吴老师体育法课程的开始。近几日，吴老师正在为“自甘风险”的内容进行备课，这节课准备引入这一主题，使学生明晰体育法学中“自甘风险”的概念、适用要件、发生体育运动伤害事故后的责任归属以及规避此类问题的做法等。

（一）课程引入

吴老师走进教室，正式开始上课前，他问道：“大家平时运动量怎么样呀？一周会运动几次呢？”

下面有积极的同学回答道：“老师，除了上体育课，我每周还会去羽毛球馆打球……”

看到有同学沉默不语，吴老师便询问了小王。小王说：“老师，我基本上除了体育课就不再进行其他运动了。”

吴老师询问原因，小王答道：“老师，最近我看到很多关于体育运动受伤的新闻，导致我有一些担心运动会让自己受伤，也担心冲撞别人得担责任。”

小王回答完，不少同学在下面纷纷点头。

吴老师看到这种情况，便说道：“那我们今天就来了解一下关于这种情况的两个案件吧。”

（二）案件介绍

1.校园对抗性体育运动伤害事故

2015 年，方某作为××学校足球专业代表队后卫队员，参加学校举办的五人制足球比赛。韩某系方某队友，作为守门员出场比赛。比赛过程中两人避让不及相撞，导致方某右下肢外伤。方某受伤后立即被送至医院治疗，医院诊断方某伤情为右胫骨中段骨折、右腓骨中下段骨折。经过两次住院治疗，共花费 13180.89 元（扣除医保报销部分），并领取保险理赔款 1987.06 元。

后方某进行了司法鉴定，鉴定意见书确认方某右下肢胫腓骨骨折，符合碰撞外力所致，现右踝关节活动功能部分丧失，损伤后遗症符合《人体损伤致残程度分级》中的十级伤残。方某起诉要求韩某和××学校连带赔偿方某支出的医疗费、护理费、营养伙食补助费等相关费用。本案中，原告方某在受伤前已有两年踢球经验。而被告一韩某在事故发生前几乎没有踢过足球，因为比赛当日足球队缺少队员，经其他同学邀约才作为守门员出场参加比赛。

一审法院依照《中华人民共和国侵权责任法》第 24 条、《最高人民法院关于适用〈中华人民共和国民事诉讼法〉的解释》第 90 条之规定，判决如下：①被告二××学校于本判决生效之日起十日内补偿原告方某各项损失合计 2 万元；②驳回原告方某的其他诉讼请求。案件受理费收取为 623 元，由原告方某负担 573 元，被告负担 50 元。被告二××学校提起了上诉，二审法院经过审理作出驳回上诉、维持原判的判决。

2.篮球培训机构训练伤害事故

小甲和小乙均为篮球爱好者，自愿报名参加了丙公司组织的篮球训练营活动。入营后在篮球训练过程中，小甲和小乙相撞，导致小甲摔倒受伤。小甲起诉要求小乙和丙公司连带赔偿小甲支出的医疗费、护理费、营养伙食补助费等相关费用。

一审法院经审理认为，双方的年龄和智力均已达到完全行为能力，对篮球这项体育运动所存在的风险应当有一定的认知。小甲与小乙在篮球活动中发生碰撞，并造成小甲受伤，对此小乙并不存在故意的行为，故不应承担过错责任。鉴于小甲在篮球活动中受伤与小乙有一定关系，小甲的合理损失应由小甲与小乙分担。丙公司作为组织者，负有以积极行为的方式尽力保障学员人身和财产安全的义务，因此丙公司也应对小甲的合理损失予以分担。故一审法院依据《中华人民共和国侵权责任法》第 6 条、第 24 条，判决被告二丙公司和被告一小乙分别应向原告小甲承担相应的赔偿责任。

小乙和丙公司不认同一审法院的判决，认为存在问题。最终，小乙和丙公司均不服一审判决，提起上诉。

二审法院经审理认为，本案应适用《中华人民共和国民法典》(以下简称《民法典》)第 1176 条规定。篮球运动系一项近身对抗型体育运动，存在潜在的碰撞及受伤风险。原告小甲和被告一小乙所进行的篮球训练虽不属于体育比赛，但同样存在对抗性和危险性。双方自愿报名参加训练营并在篮球训练中发生碰撞，本案属于当事人自愿参加具有一定风险的文体活动因其他参加者的行为受到损害的情况。

根据视频资料显示，小甲、小乙及另一名学员在奔跑行进中相互传球，小甲跳起投篮后着地时与小乙相撞。小乙在高速行进中将球传出后未立即停止而是继续向前行进一段距离，符合一般的运动规律，无论小乙是否接收到“跑到罚球线就返回”或“不能跑过罚球线”的指令，均难以认定小乙在碰撞过程中存在重大过失。故小乙不应对小甲受伤承担赔偿责任。

丙公司与小甲签订合同，并向小甲收取了训练营费用。结合案情并基于合同的相对性原则可以认定，丙公司为篮球训练营活动的组织者，负有安全保障义务。结合在案证据，法院无法认定被告二丙公司是否在入营前对学员的各项能力进行了评估,即使被告二丙公司进行了相应的评估程序,根据其提供的评估表格可见小甲、小乙在弹跳、爆发力、速度、力量等方面的评估结果存在较大差异,丙公司仍将二人分配在一组进行训练,其训练安排缺乏科学性和合理性。故被告二丙公司应就原告小甲受伤承担相应的赔偿责任。

综上,二审法院改判被告一小乙无须就原告小甲受伤承担赔偿责任,被告二丙公司应在其未尽到安全保障义务范围内就原告小甲受伤承担赔偿责任。

(三)案件争议焦点

吴老师对两个案件介绍完毕后,与学生展开了集中讨论。

吴老师:有没有哪位同学展开说一下这么判的原因呢?这两个案件的争议焦点在哪?

小李:老师,我不能理解这样的判决结果。我觉得被告都有错,并不是说只有××学校和丙公司有错,两起案件中与原告发生碰撞的被告也是有错的。

小崔:老师,我觉得案件争议焦点应该就是被告方是否存在过错。

小刘:老师,我认为法院这么判,应该是根据案件里的“自甘风险”原则和《侵权责任法》。但是为什么这么判的具体细节我不太清楚。

这两个案件的争议焦点就在于被告一、被告二对于原告的损害后果是否存在过错,是否应当就原告的损害承担民事赔偿责任。

吴老师:几位同学说得很好,发生这种伤害事故时就需要参考“自甘风险”原则来判决。那么有的同学要问了:为什么第一个案件根据的是《侵权责任法》呢?因为“自甘风险”原则是在2020年被正式写进《民法典》的,所以我们会发现,由于第二个案件提起上诉了,二审时改判小乙无过错。接下来,我们来仔细学习一下。

1.被告一对于原告的损害后果是否存在过错

(1)原告对自己的行为有足够的风险认知。两个案例中原告在参加体育活动时对其潜在的风险和损害后果有足够的认知能力。

(2)足球和篮球作为一种群体性运动,具有对抗性及人身危险性。对抗性体育运动中参赛人员技术动作不规范、规避动作不合理是正常情况,除非参赛人员故意行为或者重大过失行为导致其他参赛人员损伤,否则在此类体育运动中就不应认定为构成侵权行为。

(3)两个案件中的被告一均不具有足够的经验,若要求避免本案损害结果的出现,显然超出被告一的预见和控制能力。原告的损害结果系偶然性因素导致,被告一对上述损害结果不存在法律意义上的过错,无须对原告进行赔偿。

2.被告二对原告的损害后果是否存在过错

(1)两个案例中的被告二未尽相应管理和监督义务。该足球比赛和篮球训练活动是由被告二组织并制定比赛相关事宜,被告二未尽到一定的组织、管理责任。并且在组织训练安排上,第二个案件的被告一与原告在弹跳、爆发力、速度、力量等方面的评估结果存在较大差异,被告二仍将二人分配在一组进行训练,其训练安排缺乏科学性和合理性。

(2)两个案例中均涉及对抗性体育运动,适用"自甘风险"原则。由于案例一原告自愿上场比赛,案例二原告自愿参与训练,该行为可视为其已知晓并接受训练过程中可能存在的风险。因此,案例一和案例二中被告二在赛事组织及训练管理方面的不足,与原告受伤之间的因果关系不完全成立,被告二在此方面不构成过错,无须承担全部赔偿责任。然而,两个案例的被告二作为组织者,仍负有一定的安全保障义务,因未尽到该义务,其应对原告的部分损害后果承担相应责任。

(四)责任归属

吴老师解释了两个案件的争议焦点后,便引导同学们思考责任归属问题。吴老师问道:"在这两个案件中,各方的责任都有什么呢?"学生们开始纷纷发表意见。

小李:既然案件一和案件二中的韩某和小乙都是不小心撞上的原告,那韩某和小乙应该不需要承担什么责任吧?因为他们不是故意伤人。

小杨:这种案件其实大部分应该是受害方的"自甘风险"多一些,其次是校方和丙公司的责任。

吴老师在肯定了大家的想法后,又仔细地解释了"自甘风险"原则和责任归属问题。

1.校方(培训机构方)的责任

校方(丙公司)作为学生进行足球(篮球)体育训练的组织者和管理者,对学生的安全管理责无旁贷。

(1)安全责任。应当提供符合安全标准的运动器材,配备具有专业体育教学知识的教师。

(2)教育责任。在进行体育活动中,体育教师应当对学生们进行安全教育,进行标准动作的示范,关注学生的体质状况。即使是在日常的运动训练中,也应尽到安全教育的责任,将学生的安全放在首位。

(3)管理责任。在进行体育活动之前,体育教师应当充分了解每名学生体质及身体承受能力。学校在体检中若发现学生有身体上的不适,例如心脏病、低血糖、肺病等,应当及时与家长沟通,在学校备案。

2.学生“自甘风险”

在学生已经成年、具有社会一般人的智力水平的情况下,其足以预见参加体育活动的风险。

所谓“自甘风险”,就是指受害人在明知某种危险状态存在的情况下,自愿承担风险,因此其所受的损害不能得到赔偿。学生在参与校园对抗性体育运动时,对其风险有预见能力,若在此条件下仍然自愿参加,所造成的损害后果应由自己承担,从而免除了他人的侵权责任。“自甘风险”原则体现了尊重个体自由、合理分配风险责任的理念,有利于促进全民理性、积极地参加文体活动,提高活动效率和质量。

上述案例中的足球比赛和篮球训练都具有群体性、对抗性以及人身危险性,比赛过程中的冲撞、抢夺等都是合理行为,参加此类运动的运动员们应对此有明确的认识,可以认为参赛者“自甘风险”。即使学校或体育教学培训机构及其教师尽到其应尽的管理和监督义务,风险仍然不可避免,产生的损害后果应由参赛者本人承担。

(五)结语

在课程最后,吴老师鼓励同学们积极参与体育活动,不能因为怕受伤就放弃体育锻炼,要清楚了解体育活动中的“自甘风险”,并且在参与体育活动时,要明白自己的角色是参与者还是组织者,根据角色的不同,清晰自己应承担的责任与义务,尽可能规避运动中的潜在风险,避免伤害事故的发生。

三、案例使用说明

(一)教学目的与用途

(1)结合实例,了解体育法学的自甘风险理论,熟悉体育培训参与方与组织方的责任与义务。

(2)认识学生体育培训安全秩序管理和训练前期准备中应注意的问题,并深入思考体育运动伤害的风险防控机制,在实践中加以注意。

(二)启发思考题

(1)结合案例分析自甘风险的适用要件有哪些?

(2)如何规避体育运动中伤害事故的发生?

(三)分析思路

使用本案例时,可根据具体课程内容的需求,结合相关的理论与方法,从以下几个方面进行分析。

1.自甘风险的适用要件

(1)自甘风险的适用范围必须是存在固有风险的领域。体育运动领域确实属于存在固有风险这一范畴。在我国司法判例中,自甘风险原则所适用的范畴主要是以户外运动、体育运动、交通事故案件为主,其中户外运动属于广义上的体育运动,由此可见,自甘风险原则在体育运动纠纷中的适用是比较多的。

以上述案例二为例。篮球比赛运动具有群体性、对抗性以及人身危险性,存在固有风险,比赛过程中的冲撞、抢夺等都是合理行为,参加此类运动的学生们显然对此有明确的认识,可以认为参赛者自甘风险。即使在教师尽到其应尽的管理和监督义务的条件下,风险仍然不可避免,产生的损害后果应由受害人本人承担。

(2)行为人明知风险存在,这是构成自甘风险的前提条件之一,也是主观条件。此要件强调行为人自己确定了解风险存在,或者根据一般人的能力推断能够了解风险存在。很多风险是难以避免的,但并不等同于人们不愿意去尝试遏制风险的发生。因此,此处涉及的主体要件必须是完全民事行为能力人,能够预料到风险的发生,也能够自主决定是否要进行这个冒险行为。如果是限制行为能力人或无行为能力人(比如精神病患者或者未成年人),则无法自主处分自己的权益,意思表示也有限制。同时,既然是"自甘"风险,需要的是行为人意志自由真实,排除被胁迫、被欺诈等意思表示不真实或者不自由的情况。

在案例二中,小甲是成年人,具有独立思考的能力,能够推断该运动具有一定的风险存在,在已知篮球运动有风险的情况下,小甲选择了参与此项运动,属于自甘风险。

(3)加害人没有故意或重大过失,此要件尤为重要,是区分过错原则和自甘风险原则适用的关键,也是自甘风险原则和公平责任原则存在重合的一部分,更是司法实践中法官量裁的根本前提。根据此要件,自甘风险仅针对加害人的一般过失加以免责,而且结果是完全的免责。若加害人一方有重大过错或过失，则适用过错原则或其他原则。

篮球训练案例中的小乙在高速行进中将球传出后未立即停止而是继续向前行进一段距离，符合一般的运动规律，无论小乙是否接收到“跑到罚球线就返回”或“不能跑过罚球线”的指令，均难以认定小乙在碰撞过程中存在故意或重大过失。

(4)自甘风险原则的适用必须符合社会公共利益和法律强制性规定。这是自甘风险原则的约束性条件。自甘风险虽然是行为人对自己利益的处分，但并非没有限制，还是要在法律规制的范围内。某些领域是绝对不适用自甘风险原则的，比如服务行业(如宾馆等)对客人有安全保障义务，不能适用自甘风险原则；雇佣领域等也不适用自甘风险原则。同样，自甘风险原则也不适用于一些职务行为，比如消防员救火本身是出于自己的工作特殊性的要求，而不属于自愿的冒险。

2.相关人员的注意事项

(1)参加者的注意事项

第一，参加活动前，一定要充分了解所参加活动的形式和特点，并全面考察活动组织者的安全保障能力，且结合自身情况，合理预估活动风险，最终决定是否参加此项活动。

第二，在活动中应增强自我保护意识，妥善采取安全保护措施，避免危险的发生。

第三，活动中要尽到注意义务，遵守规则，避免对同伴人身造成损害，若对损害的发生有故意或者重大过失，则需承担赔偿责任。

(2)组织者的注意事项

第一，文体活动的组织者应充分掌握参与活动人员的身体情况，充分履行严格谨慎义务和安全保障义务。

第二，为避免产生纠纷时责任不明，组织者可明确具体地以书面形式告知参加者此项活动隐含的风险和可能的损害结果，必要时可要求参加者签署相关书面文件。

第三，可利用第三方转移风险，比如由参加者购买保险或组织者赠送保险等方式，保障风险发生后的经济补偿。

(3)学校(或培训机构)的注意事项

学校或培训机构方应主动建立完善有序的部门配合体制及师生共同参与的体育风险防控机制。同时，应该提前制订处理紧急运动伤害的办法，各个部门之间协同配合，履行自身的职责。学校或培训机构应该采取公示制度，主动向社会公开建立的体育运动风险防控机制、突发情况处理办法和学生受伤处理预案，广泛接受意见和建议，并及时作出调整。

第一，体育器材的质量标准达标至关重要。学校或培训机构在采购体育器材时，应该谨慎、严格，必须按照国家要求购买符合安全标准的设施，体育器材的质量必须过关。同时，应该提前勘察学校内或培训机构方场地是否适合，是否存在其他安全隐患，还要定期检查体育器材是否老化、受损、存在安全风险。

第二，体育教师应该充分履行职责。在进行体育教学之前，教师应该仔细检查体育器材的安全程度以及场地是否适合运动，并提前带领学生做准备活动。如果有难度较高、技术难度大的运动，应该仔细教学、详细讲解，注意保护学生的运动安全。

第三，学校应该做好安全宣传和教育工作。在开展安全知识讲座、安全宣传等活动时，提醒学生注意运动安全，让学生和家长重视体育运动伤害问题。与家长沟通，确定突发运动伤害的处理办法。

（四）理论依据

1.法条索引

（1）《最高人民法院关于适用〈中华人民共和国民法典〉时间效力的若干规定》第十六条：民法典施行前，受害人自愿参加具有一定风险的文体活动受到损害引起的民事纠纷案件，适用民法典第一千一百七十六条的规定。

（2）《民法典》第一千一百七十六条：自愿参加具有一定风险的文体活动，因其他参加者的行为受到损害的，受害人不得请求其他参加者承担侵权责任；但是，其他参加者对损害的发生有故意或者重大过失的除外。

活动组织者的责任适用本法第一千一百九十八条至第一千二百零一条的规定。

（3）《民法典》第一千一百九十八条：宾馆、商场、银行、车站、机场、体育场馆、娱乐场所等经营场所、公共场所的经营者、管理者或者群众性活动的组织者，未尽到安全保障义务，造成他人损害的，应当承担侵权责任。

因第三人的行为造成他人损害的，由第三人承担侵权责任；经营者、管理者或者组织者未尽到安全保障义务的，承担相应的补充责任。经营者、管理者或者组织者承担补充责任后，可以向第三人追偿。

2.运动前准备的生理学原理

准备活动是指在比赛、训练和体育课活动之前，为克服内脏器官生理惰性，缩短进入工作状态时长和预防运动损伤而进行的、有目的的身体练习，为即将来临的剧烈运动或比赛做好准备。

准备活动可以提高中枢神经系统的兴奋性,使大脑反应速度加快;还可以提高心血管系统和呼吸系统的机能水平,使肺通气量及心输出量增加,心肌和骨骼肌的毛细血管网扩张,使工作肌能获得更多的氧;准备活动可使体温升高,从而降低肌肉的黏滞性,增加氧的供应,增加体内酶的活性,提高物质代谢水平,预防运动损伤;准备活动还可增加皮肤的血流量,有利于散热,防止正式比赛时体温过高。

(五)关键要点

结合本案例,学习体育法自甘风险的内容,引导学生熟悉体育培训参与方与组织方的责任与义务。

(1)关键知识点:借助案例学习,分析“自甘风险”原则反映的本质问题,思考并探讨如何构建体育运动伤害风险防控机制,在实际训练时该如何规避和解决问题。

(2)关键能力点:学习能力、分析与总结能力、批判思维能力以及社会实践能力。

(六)建议课堂计划

本案例可以在专门的案例讨论课上使用。表1是按照时间进度提供的课程计划建议,可供参考。整个案例课的课堂时间控制在90分钟内。

表1 课程计划

	主要内容	时间安排
问题导入	教师向学生简短介绍本案例学习的主题,包括案例的大致背景、主要内容、案例涉及的主要问题以及理论	15分钟
分组讨论	小组成员对案例描述的现象和提出的问题进行分析讨论,并针对问题提出主要观点和分析思路,最后整合小组总体看法	20分钟
小组陈述与辩论	各小组选取一名代表,简明扼要地阐述本小组对案例的分析和对问题的思考,还可将本案例中值得深入思考的问题提出来供全体学生进一步讨论交流。各小组汇报完后,对案例中涉及的问题以及讨论过程中同学提出的观点进行自由辩论,引导学生对自甘风险原则有更进一步的理解和掌握	40分钟

续表

	主要内容	时间安排
归纳与总结	教师首先应对各小组的讨论学习情况进行点评和总结，提出各小组的优缺点；其次，提出自身对本案例学习的看法，引导学生进一步思考	15分钟

参考文献

[1]田野.运动生理学高级教程[M]，北京：高等教育出版社，2003.

[2]王瑞元，苏全生.运动生理学[M]，北京：人民体育出版社，2011.

[3]闫建华，袁绍义.《民法典》自甘风险规则适用条件问题研究——兼论体育人身侵害自甘风险的法律适用[J].成都体育学院学报，2023，49(04)：9-16.

[4]袁若梓，荀铁清，杨涛.体育竞赛伤害案件自甘风险的适用困境与破解——对体育专业人士外部介入机制的探索[J].武汉体育学院学报，2023，57(05)：37-43.

[5]熊瑛子，贺清.文体活动自甘风险条款中“重大过失”的识别——基于《民法典》实施后一年内96份司法裁判文书的实证分析[J].武汉体育学院学报，2023，57(01)：50-57.

第十五章　大学生体质测试的优化探索
——以国内某高校为例

高校是落实大学生体质健康测试的基本单位，但其在具体组织实施过程中还存在诸多不尽如人意之处。面对大学生体质测试不及格率较高的压力，高校采取了一系列措施进行调整和改革，试图调动大学生参与体育运动的积极性，提高学生体质测试成绩。本章从某高校分管大学生体质测试的领导角度出发，梳理大学生体质测试组织中存在的问题。引导体育硕士专业学位研究生掌握相关体育管理学的理论与方法，深刻认识大学生体质测试中存在的问题，并学会用理论解释这些问题，逐步将理论运用到实践中，解决现实问题，为我国指导培养体育专业人才奠定基础。

一、案例背景

纵观我国学生体质健康测量与评价的演变与发展，从初期的“劳卫制”，再到目前实施的“标准制”，共经历了以苏联为参考、自主研制、与世界接轨三个阶段。1951 年，一些先进地区自发组织实行《体育锻炼标准》，由初级、中级、高级三个级别组成，包括游泳、跳高、100 米跑、手榴弹掷远四个项目。为准确检测学生体质健康状况，从 1985 年起，国家教委、国家体委、民委和卫生部等部委共同组织了涉及全国 29 个省市区的大规模体质与健康调研。自 2007 年起，教育部、国家体育总局对学生体质健康测试进行了多次修订和完善，最终颁布了《国家学生体质健康标准(2014 年修订)》，其适用于全日制小学、初中、普通高中、中等职业学校和普通高等学校的在校学生。2014 年 6 月，教育部印发了《高等学校体育工作基本标准》，其中要求将大学生测试成绩列入学生档案，并且毕业时，若达不到 50 分者按结业处理(因病或残疾学生，可凭医院证明向学校提出申请，经审核通过后可准予毕业）。

在近几年国家政策密集出台、全社会广泛关注全民体质的背景下，虽然大学生体质测试经历了多次改革，但现实操作中仍存在较多问题，效能有待提升。

二、案例正文

今天，一年一度的大学生体质测试又要开始了，王院长在办公室里陷入了深思。近几日，王院长一直为如何解决大学生体质测试中存在的各种问题犯愁。每年度的学生体质健康测试工作是一项庞大的工程，从体质测试工作前期的动员、准备，到测试过程的实施，再到测试后的数据处理和反馈，都需要进行周密的安排。尽管大学生体质测试一直在改革，并取得了一定成效，但现阶段仍存在较多问题，未达到较好的测试效果。未来应如何继续调整改革，王院长还在思考。

（一）体测改革

××高校大学生体质测试不及格率高达15%，引起了校领导的高度重视。面对如此低的体测成绩，该高校近几年主要从以下几个方面进行了改革。

(1)调动学生运动积极性：该高校根据国家要求发布了通知，通知指出，自2021级开始将体育测试成绩与评奖评优挂钩，80分以下将失去保研和评奖评优资格。体测成绩90分以上的同学，将受到表彰并颁发证书；体测成绩80分以上的同学有评奖评优，获学业奖、国家奖学金资格与保研资格；体测成绩80分以下的同学将被取消评奖评优、保研资格；体测成绩50分以下者，毕业时将只授予结业证，不授予学位证。大学四年间将进行四次年度体测，每位同学每年有且仅有一次补测机会，缓测、免测资格评定将另行通知，免测者免测申请交到辅导员处，体测成绩为60分且免测证明将放入学生档案。

(2)采取“分校区、分项目、分阶段”体测办法：该高校根据自身多校区办学的特殊情况进行了体测改革。分校区：由于该校总体学生体量较大、人数较多，分校区进行安排可以有效节省学生体质测试时间。分项目：在天气较好、气温较为合适的时间段首先安排室外50米、800米、1000米等项目测试，如果遇到气温下降和恶劣天气，便安排室内项目。分阶段：将大一、大二年级的学生与大三、大四和大五年级（五年制第五年）的同学分开测试。大一与大二学生有体育课，可由任课教师进行随堂测试，更高年级的同学前往体测场地进行体质测试，从而有效减少体测现场人数。

(3)优化测试设备:为保证测试良好有序进行,每年对体测设备进行更新换代。比如用手机小程序验证码核验,体测设备采用激光技术,这些设备轻巧易测,更方便学生进行测试。

这些措施在节省测试时间和确保体测有序进行方面发挥了重要作用,但在实际操作中仍存在较多问题有待解决。

(二)仍需解决的问题

1.测前指导

王院长在与参与体测的大学生交流时,学生反馈道:"我们对于测试内容有些力不从心,不知道怎么做正确动作,怎么安排体测前的准备活动,也不知道多大的运动量和运动强度合适。"

长期的应试教育导致大学生怠于健身,每年一次被动的体质健康水平考核难以改变多年来积累的惰性。除体测外,大部分大学生很少参与课外体育健身活动,仅有部分同学能够自发地进行体育锻炼。这意味着大学生普遍缺乏科学健身的知识和技能,存在着诸多不科学之处,具体表现为对体育锻炼动作、方法和手段科学性认识不足,不清楚如何合理安排运动时间、运动负荷和运动强度。

"平时可能一时兴起去运动一会,同学之间玩闹一下时间就过去了。"大部分学生都是一时兴起而进行体育锻炼,不知道如何根据自身需要或运动项目特点制订运动计划。由此可见,高校缺乏对大学生的体育锻炼指导。

2.测中实施

(1)测试设备器材。场地和器材的规范,不仅是保证测试数据准确的基础,更是保障受试大学生健康权益的需要。跑道平整、无障碍,肺活量测试仪吹气嘴的及时更换和消毒,坐位体前屈等测试仪器的准确测量等,都关乎测试者切身权益。

参与体测的大学生吐槽道:"今天参与的仰卧起坐想想就头大,前两次我的测试成绩都没有记录上。"因器材规范性不一或连接不稳定等问题,导致同一人在同一器材上测试的数据记录不上或者几次测试数据相差很大。大学生体测仪器的计量现阶段还存在较大问题,导致测试准确性不足或效率不高。

(2)数据填报。在受试学生身份核验和数据填报的准确性上,王院长认为也需进一步严格要求。有大学生说道:"体测完查成绩时,发现结果与当时测的成绩不一致。"

测试成绩与大学生的评奖评优甚至能否毕业直接挂钩,这也成了某些同学进行冒名顶替、填报虚假数据、代测替测等行为的动机。同时，大学生体质测试成绩也是评判高校本科教学水平和高水平建设的一项重要指标，高校与大学生具有共同利益，导致在测试活动中对各类弄虚作假行为监督力度不足，体质测试水平难以达到预期的效果。学生体质健康测试是一项艰巨的工作，测试的结果存在误差是无法避免的，但是需要各级在实施过程中严格把关，把误差降到最低。由于多种因素的干扰，从体质健康测试实施前就要科学规划，合理组织，层层把关，把误差降到最低，测量出最客观准确的数据。

(3)体质弱势学生的缓测与免测。体质弱势学生缓测、免测规则存在漏洞。体质弱势的学生与王院长交流时说道："因为体质存在弱势，所以申请了免试。提交了医疗证明，便申请下来了。"《国家学生体质健康标准》中规定，"因病或残疾学生，可向学校提交免予执行《标准》的申请，经医疗单位证明，体育教学部门核准后，可免予执行《标准》"。该项规定对各种弱势体质未进行区分，也没有针对各种情况进行等级划分，易导致偷逃体质测试的情况出现。

3.测后反馈

大学生体质测试在实际执行过程中，多存在"为测试而测试、为达标而达标"，"重测试、轻评价、少反馈"等偏离《高等学校体育工作基本标准》制度设计初衷的做法。参与体测的大学生反映："体测结束后不知道该如何查看自己的测试结果，就算得到了体质测试结果，也仅仅是了解到了自己的分数，对于如何改善、如何提高没有得到任何信息。"大学生测试后，不能及时、完整地获得自身体质健康评价与反馈信息，无法全面了解自身健康状况，难以获取个性化的健康诊断，更意识不到体育锻炼与自身体质的相关性，也就很难采取有针对性的锻炼方法来有效干预体质健康问题。由于反馈不到位，大学生对自身体质状况的主观感受并不像对待身心疾病那样敏锐，在缺乏专门指导的情况下，往往会忽视已经存在的健康问题，错失以体育锻炼改善体质健康的良机，又贻误大学生健康生活方式的培养。

《高等学校体育工作基本标准》规定了各校应将每年测试的数据上报至国家学生体质健康标准数据管理系统，该系统具有按各种要求进行统计、分析和检索的功能，并定期向社会公告。但在实践中，系统更多地成为学校、教育部门获取统计数据的工具，为学生及家长提供查询和评估等功能性服务不尽完善。参与体测的大学生家长称："无法了解儿女的体质水平处于现阶段大学生总体体质水平的哪个层次，也无法作出有效评估。"

（三）思考

此时虽然已经立冬，但阳光明媚，太阳肆无忌惮地俯视整个世界，与办公室里的氛围形成了鲜明对比。王院长还在思考着针对体测存在问题的优化办法，体测现场的一幕幕不停地在脑海里飞过。大学生的体质测试过程是不断进行学习、测试、信息反馈、修正、调整的动态系统。在这个系统中，无论哪个环节出现问题，都会阻碍大学生体质健康水平的提升。高校到底应如何保证大学生体质测试的正确有序进行，还需不断调整政策，积极探索。

三、案例使用说明

（一）教学目的与用途

（1）结合案例，熟悉大学生体质测试的内容、流程和方法。

（2）认识大学生体质测试中存在的问题，深入思考并提出解决方案。

（二）启发思考题

（1）分析大学生体质测试组织中存在的问题。

（2）分析这些问题产生的原因。

（3）思考应对大学生体质健康测试过程中出现问题的策略。

（三）分析思路

使用本案例时，可根据具体课程内容的需求，结合相关的理论与方法，从以下几个方面进行分析。

1.存在的问题

（1）缺乏指导的科学性。

（2）缺乏实施的精准性。

（3）缺乏反馈的有效性。

2.问题产生的原因

（1）指导缺乏科学性的原因

①大学生群体缺乏健身意识。长期的应试教育导致大学生怠于健身，每年一次被动的体质健康水平考核，难以改变多年积淀的惰性习惯。

②大学生普遍欠缺科学健身的知识和技能。高校为一、二年级学生开设体育必修课，为其他年级学生开设体育选修课。在这有限的学时内体育教师还要处理好素质课与专项课的比例，协调好激发兴趣与组织锻炼的关系。大学生从课堂教学中获得的健身知识和技能不多。

我国社会体育指导员作用对象主要在学校体育范围之外，也导致大学生难以获得体育课之外的科学健身知识，不可避免地导致体质测试中难以准确评估大学生自身体能负荷和身心状态。

(2)实施缺乏精准性的原因

①测试设备和器材问题。测试设备和器材的规范化程度不高，导致不同设备的测试结果差异显著。例如，跑道平整度不够、肺活量测试仪的维护和消毒不及时，影响了数据的准确性。在测试中，器材连接不稳定或质量差，使得同一人在相同条件下的测试数据不一致，增加了测试误差。

②数据填报和身份核验的管理漏洞。在体测过程中，身份核验的规范性和严格性不足，导致出现冒名顶替和虚假数据填报的问题。现有措施未能有效防止不诚实行为，影响了整体测试的公正性和准确性。参与测试的学生反映测试成绩与实际记录不一致，说明在数据填报和处理过程中存在一定的管理失误，缺乏有效的监督和调整机制，导致数据的有效性受损。

③关于体质弱势学生的规定模糊。对于体质弱势学生申请缓测或免测的规则没有明确的标准和分类，缺乏细化和可操作性，导致可能出现不公正的情况。例如，有的学生可能借此机会逃避测试，而真正的弱势学生却可能面对不必要的压力。未能形成有效反馈机制，缺乏对体测流程的持续改进和反馈收集，无法及时发现并修正实施过程中的问题。

(3)反馈缺乏有效性的原因

①反馈内容单一，缺乏深度。体质测试后，学生仅获得分数信息，缺乏对测试结果的全面分析和解读。这种仅仅关注分数而忽视过程和改进建议的做法，导致学生对如何提高自身健康水平和体质状况感到困惑。测试后没有针对每位学生的特定情况提供个性化的健康评估和锻炼建议，导致学生无法根据自身需求采取有效的锻炼措施。

②反馈机制不完善，缺乏明确的反馈渠道。测试结果未能及时、完整地传达给学生，学生对自身健康状况的了解和判断受到限制。测试结果的反馈往往延迟，甚至有些情况下无法获得反馈信息，影响了学生在适当时机采取改进措施的效果。

③教育与指导缺乏。在体测后，缺乏由专业人员提供的必要健康管理和锻炼指导，学生未能得到科学的锻炼建议和提升健康水平的具体方案。学校在实施体测时，过于注重测试本身，而忽视对学生进行健康教育和锻炼指导的重要性，导致测试的目的偏离。

3.应对措施

(1)针对缺乏指导的科学性

第一，完善指导课程。

开展科学健身教育：开设关于运动科学、运动与健康的课程，提升学生对健康和锻炼的科学理解，帮助他们认识运动对体质健康的重要性。

引入专业指导：邀请专业的健身教练等定期为学生提供相关的指导，使其在体测后的健身和锻炼中有科学依据。

第二，做好个性化健康评估。

建立个性化评估系统：根据学生的体测结果和个人健康状况，制订个性化的运动方案，并定期进行评估和调整。

提供多样化的锻炼选择：根据学生的兴趣和体质特点，提供不同类型的锻炼项目(如有氧运动、力量训练等)，以激发其参与的积极性。

(2)针对缺乏实施的精准性

第一，优化测试流程。

标准化实施方案：制订详细的实施方案和标准化流程，确保所有测试按照统一的标准执行，减少测试结果的偏差。

训练测试人员：对参与体测的工作人员进行专业培训，确保他们能够科学、公正地进行测试和评分。

第二，加强数据管理。

确保数据分析精准：采用科学的数据分析工具，对体测数据进行深入分析，根据不同年级、性别、体质等特征，制订有针对性的改善方案。

实时更新体质档案：为每名学生建立健康档案，及时记录和更新他们的体测情况及改善进展，便于后续的指导和跟踪。

(3)针对缺乏反馈的有效性

第一，建立反馈机制。

及时反馈测试结果：测试结束后，确保将结果迅速、透明地反馈给学生，改善信息滞后问题。

多渠道信息传播：利用公众号、网站等多种途径发布测试结果和个人健康建议,提高可获取性。

第二,提供全面的反馈信息。

增设健康咨询环节:在反馈环节中,安排健康管理者或运动专家为学生提供个性化咨询服务,解答如何改善体质和制订锻炼计划。

开展体质健康讲座:定期组织体质健康讲座和互动活动,分享成功案例与锻炼经验,激励学生积极参与体育锻炼。

(四)理论依据

1.系统理论

系统理论是一种广泛应用于各个领域的理论框架,它强调将事物视为一个整体,通过研究各个部分之间的相互关系来理解和管理复杂的系统。

2.目标管理理论

目标管理理论强调通过设定明确且可度量的目标,来提升组织的绩效以及员工的积极性和责任感。在大学生体测的组织实施中,可以运用目标管理理论的核心元素来提升实施效果。

3.动机理论

动机理论旨在解释和预测人的行为动力,帮助管理者了解员工的需求和动机,以激励他们在工作中表现更好。在大学生体测的组织实施中,运用动机理论可以有效提升大学生的参与度和成效。

4.绩效管理理论

绩效管理理论是指通过设定目标、监测进展以及提供反馈等方式,系统性地评估和改进个体和团队的工作表现,以实现组织目标。它涉及多个方面,包括绩效目标的设定、绩效评估、反馈机制、发展与激励等。

(五)关键要点

结合本案例,学习体质测试的内容、流程与方法,引导学生学会运用体育管理理论去组织管理体测。

(1)关键知识点:借助案例的学习,分析大学生体质测试过程中存在的本质问题,思考并探讨其产生的原因和如何解决问题。

(2)关键能力点:分析与总结能力、批判思维能力、社会实践能力以及解决问题能力。

(六)建议课堂计划

本案例可以在专门的案例讨论课上使用。表1是按照时间进度提供的课程计划建议,可供参考。整个案例课的课堂时间控制在90分钟内。

表1 课程计划

	主要内容	时间安排
问题导入	教师向学生简短介绍本案例学习的主题,包括案例的大致背景、主要内容、案例涉及的主要问题以及理论	15分钟
分组讨论	小组成员对案例描述的现象和提出的问题进行分析讨论,并针对问题提出主要观点和分析思路,最后整合小组总体看法	20分钟
小组陈述与辩论	各小组选取一名代表,简明扼要地阐述本小组对案例的分析和对问题的思考,还可将本案例中值得深入思考的问题提出来供全体学生进一步讨论交流。各小组汇报完后,对案例中涉及的问题以及讨论过程中同学提出的观点进行自由辩论,引导学生对大学生体测中存在的问题及对策有更进一步的理解和掌握	40分钟
归纳与总结	教师首先应对各小组的讨论学习情况进行点评和总结,提出各小组的优缺点;其次,提出自身对本案例学习的看法,引导学生进一步思考	15分钟

参考文献

[1]吴宗喜.大学生体质健康测试改进措施的对策与建议[J].中国学校卫生,2021,42(06):810-813.

[2]王梦.我国大学生体质健康测试存在的问题及对策[J].体育文化导刊,2020(07):54-59.

[3]徐荥,谌俊斐,徐焰,等.广东省大学生体质健康监测评价管理现状与对策研究[J].高教探索,2020(08):106-110.

[4]兰政.我国学生体质测试的发展回顾与评析[J].体育学刊,2021,28(05):120-124.

[5]罗培,黎铁,张强峰,等.改革开放以来我国学生体质测试制度:演变历

程、时代特征与未来展望[J].武汉体育学院学报,2021,55(04):88-93.

[6]张强峰,张一民,颜亮,等.《国家学生体质健康标准》测试结果公示的困境与出路[J].体育学刊,2021,28(01):114-119.

[7]王辉.影响大学生体质测试的因素及对策研究[J].体育文化导刊,2012(09):88-92.

[8]张瑞林.体育管理学[M].北京:高等教育出版社,2015.

第十六章　国民体质监测的组织管理探究
——以 A 村的体质监测为例

国民体质监测是国家为系统掌握国民体质状况，在全国范围内定期对监测对象进行统一测试和对监测数据进行分析研究的工作。在具体组织实施过程中还存在诸多问题。本案例从国民体质监测的分管领导角度出发，以 A 村开展国民体质监测中存在的问题为例，通过案例教学，帮助体育硕士专业学位研究生深刻认识国民体质监测中存在的问题，学会从理论角度进行解释，并进一步运用到实践中解决现实问题，为我国群众体育管理培养体育专业人才。

一、案例背景

国民体质监测的开展有助于国家全面了解掌握我国国民体质现状和变化规律，充实完善国民体质与健康监测数据库，为全民健身政策提供数据支撑。根据《中华人民共和国体育法》和《全民健身条例》的规定，按照《国民体质监测工作规定》的要求，各单位都需要按时开展国民体质监测。为了保证国民体质监测的科学性、可行性，兼顾体质监测数据的延续性、可比性，监测内容会结合国民体质的现状和社会发展的变化，经过理论研究、实验验证、全国专家组多次论证，作出相应的调整。

监测网点均沿用 2000 年第一次国民体质监测网络中规定的监测网点。监测周期是五年一次，第四次监测为配合完成《全民健身计划(2011～2015 年)》实施效果的评估任务，同时为制订新周期的《全民健身计划》提供科学依据，提前至 2014 年进行。为顺应我国人口结构的变化，实现全生命周期健康促进，老年组监测年龄范围从第一次至第四次的 60～69 岁增加至 60～79 岁。检测指标仍然包括身体形态、身体机能和身体素质三个方面，但各方面检测指标略有调整。

二、案例正文

F市今年的国民体质监测工作即将开始，A村在之前的体质测试中一直是令人头疼的一个地方。A村经济水平相对一般，年轻人常年在外打工，村里老年人的文化水平普遍不高，对国民体质测试不了解。并且该地前期宣传力度不足，群众知晓率低，测试过程中存在现场组织较乱等一系列问题。考虑到这种情况，分管此项工作的刘科长开始制订计划，期待提高本次监测工作的效率。

（一）计划先行

1.动员大会

刘科长翻阅了往年的资料，比对着自己的会议记录仔细研读了今年的体质监测政策文件。在总结前期经验的基础上，结合当前的具体情况对这次体质监测的工作方案作出了有针对性的调整。

在动员大会上，刘科长介绍了此次国民体质监测的工作安排，强调国民体质监测的重要性和现实意义。他表示："体质测试不是健康检查，测试时需要被测人员发挥实际水平，不要应付测试。国民体质测试是一项国家战略，我们每个人都要重视。"他强调，在测试前的引导过程中测试人员要强调这一点，保证测试结果的有效性和可靠性。

2.组织人员

刘科长联系了上一次国民体质监测的监测队队员，邀请他们继续参加本次国民体质监测工作，并请他们分享了以往出现过的问题和经验教训。刘科长强调："尽管有之前国民体质监测作为参考，但考虑到实际实施中可能会出现新的问题，仍需要大家打起十二分的精神，积极主动，及时反映情况，沟通交流。"他挑选了几名平时工作表现不错的员工，一同参加本次国民体质监测。此外，刘科长还联系了之前曾经过来辅助测试的研究生，请他们协助完成此次在A村的测试任务。

3.开展培训

本次培训跟随省内的安排，采取线上与线下相结合的形式。培训内容包括理论课、实操课、现场培训三个模块。在理论课上进行线上学习培训，在实操课上组织监测队队员线上观看教学视频，省级国民体质监测工作人员到有体质监测任务的各市进行现场培训、考核与一对一的指导。

4.经费准备

此次在A村开展的国民体质监测经费主要由两部分组成：一是国家体育总局从彩票公益金中划拨专款；二是各省（区、市）和承担国民体质监测任务的地（市）从地方财政或本级彩票公益金中划拨专款。监测工作所需器材部分由国家体育总局配发，不足部分由省（区、市）利用国家体育总局2019年财政转移支付经费购买相同器材，以保证测试结果的延续性和可比性。

5.确认信息

刘科长了解相关情况后发现，现有监测网点的行政区划与上次相比没有变化，符合开展测试的条件。本着具体问题具体分析的原则，刘科长把此次A村国民体质监测的重点放在了老年人体质测试这一部分。他先是联系了A村的村委会王主任，确定好时间后，又联系了负责运输设备的孙师傅。孙师傅常年跑A村和市里，对路线非常熟悉。双方约好前往A村的具体时间。

（二）准备测试

测试前一天，刘科长再次与A村的王主任和孙师傅对接时间、场地和人员安排。测试当天，工作人员一早就到了单位，从国民体质测试中心搬运当天要用的仪器设备后，前往A村开展体质测试。

1.意外巧合

快到A村的时候，刘科长接到了王主任的电话。王主任说当天有某医学院的口腔义诊队也临时到了A村，两个测试同时开展可能会产生人员分流问题。因此经村委会和国民体质监测队、口腔义诊队的负责人沟通交流后，决定将老年人安排在同一个地方，先参加国民体质测试，再去参加口腔义诊。这样既省时省力，又可以满足老年人测试的心愿。随后王主任马上通过村内广播站发了通知，引导大家8点时去活动中心参加国民体质监测。测试队员们开始按照项目测试的标准和要求布置场地，做好测试前的准备工作。刘科长和各测试项目的负责人确认好测试流程和注意事项。8点钟，A村的国民体质测试正式开始。

2.宣传普及

来到测试地点以后，负责引导的人员先是对此次国民体质监测进行了简单介绍，包括什么是国民体质测试，今天要测什么项目，为什么在这里开展，等等。随后安排大家在休息室稍作等候，有序测试。在等待测试的这段时间里，一位刚搬到这个村的大爷小声地问邻座："这个测试是今年刚开始吗？怎么我们村之前没有呢？是不是骗人的啊？”一位热心大娘开口了：“放心就行，我邻居是村主任，我都听他说了，这是咱国家开展的活动，免费的体质监测，还能有个报告教咱怎么改善身体健康呢。”负责引导的小宋说：“您放心，大爷，有什么不明白的问我们就行，我们随时给您答疑解惑。”听了大家的解释后，这位大爷安下心来。一位参加过上次国民体质监测的村民问：“这次的检测项目跟上次是一样的吗？”小宋答道：“这次检测指标略有调整，加了体脂率、2 分钟原地高抬腿和 30 秒坐站这三项，比上次更全面。”

听到这里，刘科长又随机问了几位老年人对国民体质测试的看法。大家一致表示“非常愿意参加，这可是了解身体状况的好机会”，“国家做这个国民体质测试特别好，很感谢国家，感受到了国家对人民的关心”。还有几位老年人表示，“上次国民体质测试的时候自己在外地带孙子，没时间回来参加测试，现在孙子大了不用看了，终于赶上这次的体质测试了”。刘科长想起来，之前 A 村的国民体质测试结束后，有几位老人打电话关注情况，问什么时候再来测试。看来平时也需要加大宣传力度，创新宣传方法，争取让更多的人知道国民体质测试。

3.测试过程

(1)测试现场组织。考虑到此次测试项目较前几次更多，老年人组的年龄跨度也比前几年的大，此次国民体质监测的现场组织安排显得尤为重要。现阶段的国民体质监测工作方案还没有对测试项目间的顺序作出明确规定，因此在实际测试过程中，需要测试人员格外注意这些项目间的相互影响，保障体质测试的合理性和有效性。按照前期的工作安排，原则上来参加测试的老年人先到第一个房间测试身体形态方面的指标(含身高、体重、腰围、臀围和体脂率)，这些测起来比较快，可以迅速分流，避免人群集中在某个项目上；然后去第二个房间测试身体机能(含安静脉搏、血压、肺活量和 2 分钟原地高抬腿)；最后去第三个房间测量身体素质(含握力、坐位体前屈、30 秒坐站、闭眼单脚站立和选择反应时)。当天刚开始那一段时间人流量比较大，现场秩序比较混乱。有着丰富组织经验、参加了前几次国民体质监测的小张赶紧维持秩序：“大家测完第一个房间的身体形态指标以后，去第二个房间测身体机能或者去第三个房间测身体素质。”说话间，小张将在第二个房间等待测量身体机能队伍的后半部分人群引领到了第三个房间，人员分流后，测试现场秩序井然有序起来。看到这一场景，刘科长对小张竖起了大拇指。看来即便是前期工作做得再足，实际操作起来仍存在很多需要注意的地方，在后续测试中一定要让测试人员加强引导，避免影响整体结果。

(2)测前引导优化。在前几次国民体质测试中,小陈发现有的老年人在参加测试时有点紧张,测肺活量的时候明显没有使出全力,有的还会出现“漏气”的情况,导致测试数据会比较低。刘科长也注意到了这一情况,为此他在测试前就制作并打印出了测试项目的规范操作画报,安排人员早早贴到墙上,帮助老年人根据画报的指导规范自己的动作。在这一番尝试后,老年人测肺活量的效率得到提高。

坐位体前屈看起来简单,但许多老年人年纪大了以后,身上难免有慢性疼痛,尤其是腰痛,会显著影响身体的柔韧性。此外,有的老年人存在骨密度降低、骨头变脆的情况,前几次测试过程中还有的老年人因为想要表现自己还年轻、不服老,用力一推游标,结果造成肌肉拉伤。刘科长在动员大会时着重强调,测试人员一定要说明是双手同时匀速推送游标,避免此类极端情况的出现。

此外,如果老年人是做完2分钟原地高抬腿后再测血压,非常容易出现血压偏高的情况。按照测试的要求,老年人应当静坐10分钟左右,平复情绪,按照标准姿势坐好后再进行血压测试,且血压测试应进行3次取均值,连续2次血压测试中间要休息几分钟。

在测量过程中,身高、体重、腰围、臀围、体脂率等基本形态学指标基本上不会出错,测量时只需听从测试人员的测前动作引导即可;除肺活量测试外,其他身体机能指标需要注意测试顺序,安静脉搏和血压需要在心跳比较平稳时测试,2分钟原地高抬腿测试最好在血压和脉搏测试之后进行;除坐位体前屈需要强调游标推送外,身体素质测试指标的握力、30秒坐站、闭眼单脚站立和选择反应时测试按照要求作出相应动作即可。

4.反馈升级

参加完体质测试后,大家非常迫切地想了解自己的身体情况现在怎么样、需要做什么、以后需要注意什么等。按照体质监测的要求,测试结束后参加测试的每个人都可以获得一份纸质的体质测试报告。前几次体质监测结束后,有的老年人拿到报告却看不懂,本来一个人30～40分钟就可以做完全部测试并知道自己的身体情况,他们又打电话询问,在无形中花费了更多的时间。在吸取前期经验教训的基础上,刘科长安排测试人员在测试结束后,给来参加测试的群众讲解体质监测报告的内容和反映的具体问题。此次国民体质监测中,参与监测人员可以通过微信小程序获取监测报告、运动指导方案和健身指导视频等,国民体质测试的实用性进一步提高。不过在健身指导那一部分,讲解人员又遇到了新的问题。有的老年人身体情况比较特殊,动过手术,不知道自己能不能做推荐的有氧运动,测试报告上也没有写明该运动的注意事项。由于大家在培训时主要学习的是仪器使用，对于报告讲解这一部分的知识储备还是不够，考虑到有体育背景、了解体医融合的测试人员比较少，刘科长表示在这种情况下的建议是咨询医生，遵循医嘱，不要贸然行动。

（三）结语

测试结束后，刘科长看着笔记本上记录的此次测试中发现的问题，开始反思与之前相比，哪些问题已经得到了解决，哪一个步骤出现了新问题，如何做好国民体质监测工作中的事前控制以及全面统筹安排工作。刘科长明白，下一步仍需要不断积累经验，进行进一步探索总结。

三、案例使用说明

（一）教学目的与用途

（1）初步了解国民体质测试及其开展意义。

（2）了解组织管理方面的基本理论，熟悉国民体质监测的内容、流程和方法，思考体质监测前期组织和实施过程中存在的问题，并提出解决方案。

（二）启发思考题

（1）从国民体质监测的意义出发，阐述进行国民体质监测的重要性。

（2）根据案例提供的信息，此次国民体质测试出现问题的原因主要有哪些？

（三）分析思路

使用本案例时，可根据具体课程内容的需求，结合相关的理论与方法，从以下几个方面进行分析。

1.国民体质监测的意义

开展国民体质监测，可以全面了解掌握我国国民体质现状和变化规律，充实完善国民体质监测系统和数据库，为全民健身政策提供数据支撑。开发应用国民体质与健康监测大数据，配合完成《全民健身计划》实施效果评估，监控推进健康中国建设进程，提高科学健身指导水平和全民健身公共服务能力，提高全体国民的身体素质和健康水平。

2.此次国民体质测试出现问题的原因

（1）宣传推广不到位，许多老年人不参加体质监测，并不是因为心理抵触，而是因为不了解情况,所以没有主动参加。

(2)现场组织存在问题,人员密集容易造成测试现场混乱,影响人们排队测试的情绪。

(3)忽视项目间的协调,测试项目的前后顺序可能会影响真实的水平,具体的国民体质监测项目间的流程安排缺失。

(4)体医融合不到位,虽然有监测报告、运动指导方案和健身指导视频,但对于某些没有涉及的特殊情况,仍然需要具体问题具体分析,不可贸然回答。

(四)理论依据

1.体育管理的职能:计划、组织、控制、决策

(1)计划:为了实现既定的决策目标而对整个目标进行分解、计算并筹划人、财、物力,拟订实施步骤、方法和制定相应的策略、政策等一系列的管理活动。

(2)组织:为了有效实现体育组织的既定目标,通过建立组织机构,确定工作职责、权限,协调相互关系,使体育管理诸要素合理有效配合,形成一个有机整体的活动过程。

(3)控制:根据管理活动既定的目标、指标与标准,监督、检查计划的执行情况,发现偏差,找出原因,根据环境及条件的变化,采取一系列管理活动,使组织的活动依照预定计划进行,确保计划目标的实现。

(4)决策:在体育管理中,一个人或组织为了达到一定的目标或目的,在预测基础上按照最优化要求,选择方案或策略并实施的过程。

2.体育控制的基本类型:预先控制、现场控制、事后控制

(1)预先控制:通过对体育系统环境的观察、规律的掌握、信息的获取、趋势的分析,预计系统活动可能会发生的偏差,在其未发生之前采取纠偏措施。体育管理中计划、定额、标准、规定等是典型的形式。

(2)现场控制:一方面指导下级按正确的方法和程序进行工作;另一方面监督下级的工作过程以保证工作取得预期成果。

(3)事后控制:对体育系统的产出成果进行衡量,并根据反馈的信息发现偏差,分析原因,采取措施,纠正今后的行动。

(五)关键要点

结合本案例,学习体质监测的内容、流程与方法,引导学生学会运用体育管

理的相关理论去组织开展体质监测。

(1)关键知识点:结合本案例,在面对国民体质监测过程中出现的突发情况时,掌握如何及时采取措施、妥善分析处理问题,引导体育硕士专业学位研究生在专业实践中提高随机应变能力,掌握国民体质监测的常规内容及流程。

(2)关键能力点:具体问题具体分析的能力、随机应变能力、社会实践能力和解决问题的能力。

(六)建议课堂计划

本案例可以在专门的案例讨论课上使用。表1是按照时间进度提供的课程计划建议,可供参考。整个案例课的课堂时间控制在90分钟内。

表1 课程计划

	主要内容	时间安排
问题导入	请学生们在课前初步思考“什么是国民体质监测”。请几名学生介绍自己搜索到的国民体质监测相关信息,教师作补充介绍,明确本节课的主题是国民体质监测的实际开展,开始本案例的初步自主学习	15分钟
分组讨论	教师提出思考问题,告知学生发言要求,学生自主学习。小组成员对案例现象及其问题展开分析讨论,并阐述个人的观点和分析思路,最后整合小组看法	25分钟
小组陈述与辩论	各小组选取一名代表,简述本小组对案例的分析和对问题的思考,还可将本案例中值得深入思考的问题提出来供全体学生进一步讨论交流。各小组汇报完后,对案例中涉及的问题以及讨论过程中同学提出的观点进行自由辩论,引导学生对国民体质监测有更进一步的理解和掌握	30分钟
归纳与总结	教师首先应对各小组的讨论学习情况进行点评和总结,提出各小组的优缺点;其次,提出自身对本案例学习的看法,总结国民体质监测有待完善的地方,引导学生进一步思考	20分钟

参考文献

[1]国家体育总局群众体育司:国家体育总局关于开展第五次国民体质监测的通知,https://www.sport.gov.cn/qts/n4986/c892048/content.html.

[2]张瑞林.体育管理学[M].北京:高等教育出版社,2015.

[3]左庆生.体育管理学[M].北京:北京师范大学出版社,2010.

第十七章　膝关节炎运动处方的制定原则

“运动是良药”的口号被大众接受，运动处方的运用也愈发常见，通过运动配合药物治疗慢性疾病也被临床广泛运用，但根据不同的病情开具最适合的运动处方是要点所在。本章以李大姐在具体执行运动处方后膝关节疼痛症状好转为案例，运用运动处方的理论与方法，分析其运动处方的设计内容、开具过程和注意事项等要素，引导体育硕士专业学位研究生掌握运动处方的整体实施过程，学会分析不同病种特点，开具对症的运动处方。

一、案例背景

运动是一种能够有效预防和治疗疾病的方式。推广和实施运动处方中的科学运动方案，可以帮助人们提高身体素质和免疫力，降低患病风险，改善生活质量。运动处方可以根据不同年龄、性别、疾病史等个体差异制定，帮助大众更好地开展运动锻炼。

为了大力推进体医融合发展，2021 年 7 月 17 日，济宁市××县体医融合健康促进中心揭牌仪式顺利启动。仪式上××县副县长发表致辞：“××县体医融合健康促进中心项目揭牌运营，为全县各类人才、干部职工和广大群众提供了‘临床医疗、中医养生、运动干预’三位一体的健康服务体系，县体育部门、卫健部门要继续认真谋划，积极对上争取，精密合作，相关部门、镇街也要大力配合，积极参与。”

前来参会的李大姐是××县人，被膝关节疼痛的问题困扰多年，虽一直服用缓解疼痛的药物，但病情没有改善。在领导发完言后她提问道：“这个体医融合我是第一次听说，请问今天的活动具体有什么内容啊？”一旁的负责人徐主任回应说:“为了使本次揭牌仪式更有意义,我们邀请到了山东××高校运动处方师贺医生为大家免费开具运动处方,县中医院医生进行义诊,为大家检测身体情况,请大家有序排队,按步骤进行。”

李大姐心想:我多年膝盖疼痛,家住六楼,每次回家都要在三楼休息一下。之前医生建议让我适当地增加锻炼,但是我一直不知道应该怎么锻炼,今天正好听听专家们怎么说。想到这里,李大姐跟着队伍走进了××县体医融合健康促进中心。

二、案例正文

(一)检测

进入检测室后,中心负责人徐主任说:“项目依托全民智慧健身大数据平台,由国民体质监测中心,县中医院体检中心,卫生、体育系统专家坐诊区,中医适宜技术治疗室,健身活动区五个部分组成。咱们先完成国民体质监测,其次找医院专家问诊,再次找体育专家开具运动处方,最后到健身活动区学习动作!”

大家在工作人员的带领下进入了国民体质监测区域,李大姐测完身高、体重后看到一群人在一个台阶上进行测试,以为是测试爬楼的能力,于是先去了台阶测试仪器前。工作人员耐心地引导说:“大姐,现在我们进行的是台阶测试,您现在站在一号台阶前,您根据响声的速度上下台阶就可以了。”六个台阶前都站满人后,工作人员做起了示范。李大姐和其他测试者准备好后,工作人员便操作起了电脑,大约过了30秒,随着提示音的加快,李大姐停下了脚步。她痛苦地说:“不行不行,膝盖疼得受不了,我还以为你们这个是测试爬楼能力的呢。”工作人员回答道:“大姐,咱们这个项目不是测您的爬楼能力,是测试您的心肺恢复能力。您现在膝关节存在一定问题,需要增加锻炼来进行改善,否则可能影响到您的基本日常生活。”李大姐追问道:“那怎么锻炼呀?”“等您全部检查完后,去找咱们的运动处方专家问一下吧!”工作人员解释道。

随后,李大姐又去做了肺活量、骨密度、动脉粥样硬化、心理压力等相关测试,全部测试结束后,李大姐的手机里形成了一份完整的体测报告。

(二)开具运动处方

李大姐根据工作人员的流程提示,来到了问诊室。“请坐,把您的体测报告给我看一下。”医生说道。“好的。”李大姐回复道。医生详细地看过李大姐的体质监测报告后，解释道：“大姐，您骨密度、血管弹性都没啥问题的，但您这个台阶测试没结果，身体有什么地方不舒服吗？”“我这膝盖疼了好多年了，吃药也不管用，只能一时止痛，根除不了啊！”李大姐愁眉苦脸地说道。“您这个情况，吃药很难根除症状，最好的解决办法是通过锻炼增加柔韧度和肌肉量，从而减少在活动时身体对膝盖的压力，这样就会缓解疼痛了。”医生边掏出听诊器边说。“那我该怎么锻炼啊？平时一运动就疼得不得了。”李大姐回复道。“别急，咱们一步一步来。”在确定李大姐没有心脏疾病后，医生让志愿者带着李大姐来到了运动处方室。

李大姐来到运动处方室，贺医生先让助理对李大姐做了一系列的问卷调查，了解其病况、家族病史、饮食习惯、运动禁忌等问题。在李大姐一一回答后，贺医生说道：“我看了您的体测报告，您现在有膝关节疼痛的症状，膝盖疼大约多久了？”李大姐回应道：“两年多了，吃药也只是当时缓解疼痛，早上起床时经常伴有短时间的左膝关节僵硬，医生让我做增加腿部力量的运动，我也不知道怎么做啊。”贺医生说：“不急，我先给您开一个周期的运动处方，待会让我的助理给您演示一下具体动作，您按照这个强度和频率做好锻炼，一个周期之后您看看成效。”随后，贺医生给李大姐开具了运动处方。

运动处方具体内容如表 1 所示。

表 1　运动处方

基本信息					
姓名	李××	性别	女	年龄	40 岁
联系电话	×××××××××××	家庭住址	××××××××××××		
运动前筛查结果					
体力活动	严重不足(√)　不足(　)　满足(　)				
健康筛查	身高 160 cm，体重 60 kg，BMI 23.4 kg/m^2				
	疾病史：无(√) 高血压(　) 糖尿病(　) 心脏病(　) 肺脏疾病(　)				
	血液指标：空腹血糖正常，总胆固醇正常				
运动风险	低(　)　中(√)　高(　)				

续表

运动测试	心肺功能：低（√） 中（ ） 高（ ）
	肌肉力量：差（ ） 一般（√） 较好（ ）
	柔韧性：差（√） 一般（ ） 较好（ ）
运动处方	
运动目的	改善患者膝关节周围肌群柔韧性、力量，使其恢复正确力学模式，延缓膝关节磨损退变
运动方式	柔韧性提高运动：股直肌、髂腰肌、髂胫束、内收肌拉伸 肌肉力量提高运动：股四头肌、臀肌、腘绳肌力量训练
运动频率	柔韧训练每周 5～7 次，力量训练每周 3～5 次
运动强度	力量训练，每组 80%1RM，8～12 个
运动时间	柔韧训练每个动作保持 30 s，重复 5 次，每次之间休息 10～20 s 力量训练每次每个动作 2～3 组
周运动量	每周运动 5～8 小时
运动目标	6 周初步达到干预成效
注意事项	运动出现疼痛加重情况立即停止，及时就医，了解运动处方是否执行有误，或根据病情调整方案
效果评估	患者经 12 周训练后膝关节疼痛不适感明显缓解，早晨僵硬症状消失，且日常活动能力明显改善
回访时间	在运动处方执行后的第一周进行电话回访，分别于第一天、第二天、第四天进行，了解训练后患处情况，此后每周一次门诊，评价疗效
运动处方师	贺医生
机构名称	××县体医融合健康促进中心

注：1RM，最大力量的一次。

李大姐拿着手里的运动处方，跟随助理来到健身活动区，助理根据贺医生开具的运动处方里的运动项目，详细地为李大姐做了示范动作。“李大姐，咱们靠墙静蹲这个动作基本上没啥问题，但是一定要注意躯干和大腿的角度，膝盖不要超过脚尖，否则对咱们的膝盖也是不好的。”助理一边说，一边纠正着李大姐的动作。李大姐练习了1分钟左右便站起来说:“还是得听专家的,做了这么一小会,大腿就明显酸酸的。”助理又做了靠椅举腿的示范和讲解:“咱们找一个带靠背的椅子,后背挺直靠在椅子上,将脚脖上挂上两个沙袋,然后把小腿举起至大腿成一条直线,快起慢下。这样来锻炼咱们的股四头肌。”李大姐也是学得有模有样。随后,助理又教给了李大姐几个肌肉拉伸的动作。“坐在瑜伽垫上,双腿交叉叠坐,双手自然地放在前面。身体慢慢地向前倾压。头部和颈部保持在一条线上,向下看,臀部注意不要离开地面,始终要紧贴地面,感受大小腿的肌肉拉伸,保持15～30秒。左右腿交换,重复进行。腿部拉伸运动是锻炼腿部很好的方式,需要长久地坚持才能看到效果。”“还有一个比较简单的动作:站立,双腿伸直,双脚分开,比肩略宽。向前屈体,双手伸直,尽可能地接触地面,感受大腿后侧的拉伸,保持15～30秒。”此外,助理还特别提醒道,一定要注意运动前后的热身和拉伸工作。

动作学习完后,李大姐说道:“小伙子,我可以加你微信吗?我怕动作忘了,到时再咨询一下你。”助理回复道:“李大姐,咱们有微信群,对于您后期身体的变化情况以及有什么疑惑,都可以在群里和我们交流。”李大姐兴高采烈地说道:“你们的服务真到位,我正愁着后续有问题怎么办呢。”随后李大姐便离开了现场。

(三)病情好转

李大姐回到家,便开始了一个周期的训练。她严格按照贺医生开具的运动处方执行,并根据助理分享到微信群里的科学健身推文,学习着新的拉伸和放松动作。日复一日的练习,让李大姐的病情有了初步的好转,她自己也信心倍增,每天抽出固定时间按照运动处方的运动建议进行锻炼。

一个月后,李大姐在微信群里分享道:“感谢医生的支持,我的膝关节疼痛状况已经得到了极大的改善,活动也方便了,现在已经可以提东西一口气上六楼了,不得不说,这个运动处方真管用啊!”随后群里好多病友也纷纷表达了与李大姐同样的心情,助理随即发送了几篇新的推文并回复道:“李大姐,咱们这个周期的训练已经见效,您根据我的推文继续学习几个新的进阶动作,然后拍摄视频发送到群里,我根据您的动作再给您纠正一下。”李大姐立马点开推文有模有样地学习了起来,并让家里的孩子给拍摄了视频发送到群里。助理根据视频纠正了李大姐的动作,并说道:“李大姐,要想运动处方有效,前提是要坚持,在病情痊愈后也要继续保持锻炼,最后希望您尽快摆脱膝关节疼痛的困扰!”

三个月后,李大姐在小区公园里陪着孩子练习跳绳,一旁走过的邻居宋大爷问道:“小李,你不是膝盖不好吗?怎么还跳起绳来了?”“我听了咱们中心专家的建议,坚持锻炼,现在膝盖没啥大问题了,陪着孩子出来锻炼锻炼。您有空也去看看吧,人家真的很专业!"李大姐满脸笑容地回复道。

(四)总结

又是新的一期体医融合健康促进中心义诊活动,来参加的人比往期多了不少,徐主任还如往常一样介绍着中心本次活动的内容。李大姐再次走入中心,但这次她不再是作为患者来参加,而是作为社区志愿者来引导活动进行。看着忙碌着的工作人员和进行测试的患者们,李大姐心里想道:运动处方与医疗手段同是良药,共同作用效果更佳。随着太阳落山,新一期的义诊活动结束了,邻居们又看到了李大姐在小区公园里锻炼的身影。

三、案例使用说明

(一)教学目的与用途

(1)了解运动处方的相关基本理论,学会根据不同病情具体分析,掌握制定运动处方的具体流程和基本方法。

(2)熟练辅助制定运动处方的各项计算公式,并掌握制定运动处方的注意事项。

(二)案例思考题

(1)结合本案例,简述李大姐膝关节炎运动处方制定的注意事项。

(2)从运动处方的基本理论出发,探讨三种慢性病(如单纯性肥胖)的运动处方制定内容,包括运动目的、运动方式、运动强度、运动时间、运动频率及相关注意事项。

(三)分析思路

使用本案例时,可根据具体课程内容的需求,结合相关的理论与方法,从以下几个方面进行分析。

1.膝关节炎运动处方制定的注意事项

(1)选择的运动方式不应诱发局部病理性疼痛或神经刺激。

(2)运动处方对象必须掌握训练中的动作要领,注意目标集群的激活。

(3)臀肌力量对于膝关节稳定性、髂胫束紧张与否对于髌骨运动轨迹尤为重要，开具处方时应注意。

2.其他慢性病的运动处方制定

(1)单纯性肥胖

运动目标：增加能量消耗、减控体重，保持和增加瘦体重，改变身体成分分布，减少腹部脂肪，改善循环、呼吸、代谢调节功能。

运动方式：有氧运动、伸展运动、力量练习。减重过程中应强调肌肉力量锻炼。

运动强度：以中等强度为主。中等强度的体育运动对于脂肪的动员效率最高，效果最好。中等强度的运动即在运动中将心率维持在最大心率的64%～76%。强度过大时能量消耗以糖为主，肌肉氧化脂肪的能力较低；而负荷过小的话，机体热能消耗不足，也达不到减肥的目的。

运动时间：中等强度锻炼时，每次持续运动时间在60 min以上减脂效果比较明显。理论上，运动时间越长减脂越多，但建议每次持续运动时间不超2 h。

运动频率：脂肪的储备和动用是一种动态平衡。因此要经常参加运动，切不可追求一劳永逸。减肥运动可以每天有规律地进行，最低有效频率为每周3次。

注意事项：保护措施、防脱水、控制饮食、长期坚持。

(2)Ⅱ型糖尿病

运动目标：促进肌肉摄取葡萄糖，辅助降低血糖，预防和治疗与糖尿病有关的并发症；改善心血管功能，改善血脂和血压水平，提高生活质量。

运动方式：糖尿病患者体育康复的首选运动种类是耐力性运动，如步行、慢跑、游泳、划船、骑自行车和脚踏车上做定量运动等。其中步行最安全简便，为国内外最常采用。步行最好在早晨或空气新鲜的地方进行，也可在傍晚、饭后，或午间休息时间进行。但对于身体肥胖的患者，则应选择一些不负重的活动项目，如步行、划船、游泳、骑自行车等，以减少由于体重过大造成的足部损伤。

运动强度：中等强度(64%～76%最大心率)。

运动时间：多数患者一次运动时间可以为40～60 min，不经常运动或运动能力较低的Ⅱ型糖尿病患者可以从一次运动至少10 min做起，每周运动累计150 min的中等或较大强度有氧运动。

运动频率：每周锻炼3～7次。

注意事项：合理安排进度，运动量和强度的增加一般需要1～2个月，风险较高的需要3～6个月。定期监测患者的运动反应和病情变化，及时调整，注意低血糖的预防，监测血糖。胰岛素注射部位避免肌肉运动。初次运动和改变运动量时，运动前后监测血糖。运动前血糖低于 5.6 mmol/L，进食 20～30 g 糖类。

(3)原发性高血压

运动目标：提高心肺和代谢系统功能，稳血压，控体重，预防并发症及缓解精神压力等。

运动方式：有氧运动为主，应该选择全身性、有节奏、放松、便于监控的项目，如步行、太极拳、娱乐性球类等。不宜选择憋气使劲的项目。

运动强度：中低强度，最大心率的 57%～76%。抗阻运动 60%～80% 1RM。

运动时间：推荐 20～60 min 的有氧运动，但不包括热身和结束后的整理运动。理论上，运动时间越长，降压效果越佳。但运动时间不必强求一致，可根据病情轻重、自我感觉来灵活掌握。

运动频率：每周 3～4 次。

注意事项：高血压患者如没有运动禁忌，运动能力也没有特殊限制时，其目标活动量可参考一般健康人的推荐量；肌肉力量练习仅限于病情较轻和运动伤害风险较低者。以日常习惯性活动量为基础，逐渐增加并达到计划的活动量目标，并要根据患者的运动反应和病情变化，及时对活动量目标和频度进行必要的调整。

(四)理论依据

1.慢性病理论

慢性病全称是慢性非传染性疾病，不是特指某种疾病，而是对一类起病隐匿，病程长且病情迁延不愈，缺乏确切的传染性生物病因证据，病因复杂，且有些尚未完全被确认的疾病的概括性总称。常见的慢性病主要有心脑血管疾病、癌症、糖尿病、慢性呼吸系统疾病，其中心脑血管疾病包含高血压、脑卒中和冠状动脉粥样硬化性心脏病(冠心病)。

运动对于缓解和治疗慢性疾病有颇多好处。

(1)提高心肺耐力：心肺耐力(有氧能力)综合反映人体摄取、转运和利用氧的能力。它涉及心脏泵血功能、肺部摄氧及交换气体能力、血液循环系统携带氧气至全身各部位的效率，以及肌肉等组织利用这些氧气的功能，较高水平的心肺耐力是身体健康的保证。

(2)降低动脉粥样硬化危险因素:运动可降低安静时的收缩压和舒张压,减少运动中血压升高的幅度。规律运动可以提高胰岛素敏感性,促进葡萄糖利用,降低血糖水平,从而有效减轻或缓解胰岛素抵抗,使胰岛素分泌曲线趋于正常,降低Ⅱ型糖尿病的发生风险,对糖代谢调节具有重要作用。有氧运动有助于降低低密度脂蛋白胆固醇(即"坏胆固醇"),升高高密度脂蛋白胆固醇(即"好胆固醇"),从而减少动脉粥样硬化的发生风险。长期坚持运动,血脂代谢改善效果更为显著。

(3)增进骨、关节、韧带、肌腱健康:增加骨密度,增加骨、关节、韧带、肌腱的力量;防止多种骨、关节、肌肉、肌腱的损伤,降低骨质疏松的危险,防止跌倒,减少腰痛风险。

(4)改善心理状态:改善睡眠,提高生活质量、减少精神压力、增加自信心,增加自我控制能力和协作能力。

2.体医融合三原则理论

"体医融合"是以医疗问题为导向,组织人们进行安全、有效的体育锻炼,特别注重发展健康运动技能,以区别传统的运动技能。主要解决医疗偏临床、体育偏竞技的健康供需矛盾,体医之间互相启发,互相引导,重新认识健康、认识疾病;以"有病治病""无病防病"为健康目标,服务范围是全人类、全生命周期、全疾病过程的"三全"覆盖,形成养育、养生、养老的"三养"健康科技文化。

(1)运动的安全性:当前,运动引发意外的报道越来越多,许多人担心自己的运动风险,因此不敢开展有强度的运动。安全的低强度运动未必有效,高强度的运动却未必安全。平衡考虑安全性和有效性,必须靠体医融合的新技术。

(2)运动的有效性:运动效果需要有较长时间的坚持才能体现。运动是否达到降低疾病发生风险的效果,用什么指标评价,单纯靠体育科学或者医学的指标都难以判断,必须将两者结合在一起来阐释什么样的运动可以降低什么样的疾病的风险。尤其对于儿童青少年,运动的近期效果和远期效果的评价非常重要。慢性病大多是发病于成年而病根在少年。运动预防慢性病的效果需要多年的实践来观察。必须让家长坚信运动对终身健康的巨大作用,才能让他们更加坚定地督促自己的孩子坚持体育锻炼。

(3)运动的可持续性:运动增强体质、预防慢性病,或者说运动作为慢性病康复的必须手段,都要求长期、终身进行。运动停止则效果也会逐渐消失。尤其是慢性病患者的运动康复,坚持终身规律性运动非常重要。但目前,运动难以坚持是实现各种慢性病康复治疗效果的最大难点。运动的可持续性,实际上是运动文化属性的体现。如果只强调健康而不强调快乐、满足感等体育文化特性,则很难坚持锻炼。强调个性化引导才能实现运动的可持续性。

(五)关键要点

结合本案例,学习并掌握运动处方开具的流程和方法,充分了解关节炎运动处方制定时的注意事项,并能举一反三,探究其他慢性病运动处方的制定原则。

(1)关键知识点:掌握在运动处方开具过程中的具体流程,熟练掌握不同病种运动处方开具的注意事项。

(2)关键能力点:问题分析能力、随机应变能力和具体实施能力。

(六)建议课堂计划

本案例可以在专门的案例讨论课上使用。表 2 是按照时间进度提供的课程计划建议,可供参考。整个案例课的课堂时间控制在 90 分钟内。

表 2 课程计划

	课程安排	时间安排
问题导入	运动处方的制定与注意事项	15 分钟
分组讨论	明确本节课的主题,组织学生自主学习,教师提出启发思考问题,告知学生发言要求,小组分组讨论并发言,引导全班共同学习,进一步讨论并归纳总结,进行点评	25 分钟
小组陈述与辩论	各小组选取一名代表,简述本小组对案例的分析和对问题的思考,还可将本案例中值得深入思考的问题提出来供全体学生进一步讨论交流。各小组汇报完后,对案例中涉及的问题以及讨论过程中同学提出的观点进行自由辩论,引导学生对膝关节炎运动处方制定有更进一步的理解,并能掌握其他慢性病运动处方的制定方法	30 分钟
归纳与总结	教师对各小组的讨论学习情况进行点评和总结,提出各小组的优缺点。然后教师提出自身对本案例学习的看法,总结学习本案例的价值和本次课堂讨论有待完善的地方,引导学生进一步思考如何制定运动处方	自行安排

参考文献

[1]运动处方中国专家共识(2023)[J].中国运动医学杂志,2023,42(01):3-13.

[2]冯连世.运动处方[M].北京:高等教育出版社,2020.

[3]王正珍,徐峻华.运动处方[M].北京:高等教育出版社,2021.

第十八章　慢阻肺运动处方的制定原则

运动处方的开具流程上需要注意的问题颇多，因此开具运动处方要结合患者基本身体素质和其他影响因素。本章以宋先生在具体执行运动处方后慢阻肺病状况好转为案例，介绍运动处方的理论与方法，使相关领域人员掌握运动处方的开具方法，学会将具体病情具体分析，为我国培养体育专业硕士人才奠定基础。

一、案例背景

为了大力推进××县体医融合发展进程，××县体医融合健康促进中心于 2021 年 7 月 17 日正式成立。李大姐参与了第一期体医融合的活动，经过一系列系统的检测，得到了专家的运动处方。李大姐进行了三个月的认真训练后，她的膝关节疼痛问题得到了改善。

宋先生，73 岁，自觉身体瘦弱，平时呼吸正常，稍一走快开始出现憋喘、运动耐力下降等问题。曾前往当地三甲医院就诊，检查肺功能后他被确诊为慢阻肺患者。医生建议宋先生要适当加强有氧锻炼，并开具了相关缓解慢阻肺呼吸困难的吸入制剂。虽然宋先生非常希望自己能够通过运动提高心肺耐力，但自己一走快就憋喘，病情一直没有好转。

二、案例正文

傍晚时分，刚从外面下棋回来的宋先生在小区的健身公园遇见李大姐在和孩子练习跳绳。宋先生疑惑地问道："小李，你不是膝盖不好吗？怎么还跳起绳来了？""我听了咱们那个中心专家的建议，坚持锻炼，现在膝盖没啥大问题了，就陪着孩子出来锻炼锻炼。宋老师，我记得您不是肺不好吗？有空也去看看吧，人家真的很专业！”李大姐回复道。

宋先生心想：我患有多年的慢阻肺，现在走两步就喘得不行，一直在服用吸入制剂。之前医生建议让我适当地增加有氧练习，我却不知道应该怎么锻炼，正好去请教一下，听听专家们怎么说。紧接着李大姐又说道：“宋老师，您前两天不是刚去医院复查过吗？中心有医生坐诊，正好拿着您的病历和报告，人家能一起给看看呢！”“谢谢你啊，小李，下次再有这个活动，记得喊我一声。”宋先生说。“好的，宋老师，正好我也去学习新的健身动作，复查一下身体情况，看看最近的锻炼成果如何。”李大姐回复道。

××县体医融合健康促进中心新的一期体医融合活动开始了，李大姐连忙喊上宋先生一起前往中心进行相关检测和咨询。

（一）处方前检测

一进入中心，形形色色的检测仪器映入眼帘，大部分仪器宋先生都从未见过。“这个仪器我认识，这个是测肺活量的，我在医院也测过这个东西。”宋先生站在肺活量仪器前说道。“是啊，中心不仅能检测肺活量，还可以测您的骨密度、动脉粥样硬化情况和心肺恢复能力等指标，可全面了。”李大姐说道。“来吧大叔，我领您从头开始做检查。”工作人员热情地对宋先生说道。

宋先生在工作人员的带领下进入了国民体质监测区域，李大姐便去了健身区域听动作指导课了。“今天您来得早，人不是很多，咱们就从身高、体重开始测吧。”工作人员客气地对宋先生说。测完身高、体重后，工作人员又引导宋先生进行了坐位体前屈、肺活量、握力等基础检测。在做肺活量测试时，工作人员看了宋先生两次吹的数值说：“大叔，您这个肺活量比正常人低很多啊，咱看看您的心肺恢复能力怎么样吧。”工作人员把宋先生带到台阶测试仪器面前并介绍道：“现在我们是检测您的心肺恢复能力，您现在站在一号台阶前，待会会响起‘嘀嘀嘀嘀’的声音，您跟着响声的速度上下台阶就可以了，我会给您做一遍示范。”随后，工作人员做起了示范。宋先生赶忙说道：“不行啊，小伙子，这个测试我做不了。我有慢阻肺，我家孩子为了让我不爬楼特意买的一楼呢。”工作人员回答道：“您这个情况还比较复杂。这样吧，咱们把剩下的不需要运动的项目检测完后，我带您去医生的问诊室看一下您的身体情况，再带您去体育专家的运动处方室咨询一下需要活动的项目如何测试。”宋先生说道：“好啊，好啊！”

随后，宋先生又在工作人员的带领下去做了骨密度、动脉粥样硬化、心理压力等测试。全部测试结束后，宋先生的手机里形成了一份完整的体测报告。宋先生看着报告，问道："我看不懂呀，小伙子，你能给我讲讲吗？""您放心，大叔，一会儿有两位专家可以给咱们讲解，我现在就带您去。"工作人员说完，便带着宋先生往医生问诊室走去。

（二）开具运动处方

宋先生在工作人员的引领下，来到了医院专家坐诊室。"请坐，把您的体质测试报告给我看一下。"医生说道。"好的，医生，正好您帮忙看看有没有什么其他毛病。"宋先生回复道。医生在详细地看过宋先生的体质检测报告后，解释道："您血压、骨密度、血管弹性都没什么问题，但您这个台阶测试没结果，是做不了吗？""我是慢阻肺患者，一运动就喘得厉害，正好我拿着医院的检查报告，您一并给看看吧！"宋先生说罢，递给医生报告。"您这个情况还是要吃药和体育锻炼共同进行效果才明显的，我给您听下心脏有没有问题，接着您就可以找体育专家去请教一下如何锻炼了。"医生边掏出听诊器边说。在确定宋先生没有心脏疾病后，工作人员又带着宋先生来到了运动处方室。

宋先生来到运动处方室，专家贺医生先让宋先生填写了基本情况问卷，包括现患病况、家族病史、饮食习惯、运动禁忌等问题。在宋先生一一回答后，贺医生说道："我看了您的体测报告，您现在这个岁数，又患有慢阻肺，不适合大强度的运动。这样，我给您算一下您每次进行有氧运动要达到的心跳次数，您每周锻炼两次，三个月为一个周期，就是走走停停，比较简单。"随即贺医生让助理对宋先生的靶心率进行了计算。宋先生今年73岁，助理在纸上计算：靶心率＝（220－73）×（70％～80％）＝103～118次/分。随后，贺医生给宋先生开具了运动处方。

运动处方具体内容如表1所示。

表1 运动处方

基本信息					
姓名	宋先生	性别	男	年龄	73岁
联系电话	××××××××××	家庭住址	××××××××××		
运动前筛查结果					
体力活动	严重不足（√）　不足（　）　满足（　）				

续表

健康筛查	身高 173.3 cm,体重 67.4 kg,BMI 22.38 kg/m^2
	疾病史:无( ) 高血压( ) 糖尿病( ) 心脏病( )肺脏疾病(√),其他(√)轻微腰椎间盘突出
	血液指标:空腹血糖 4.6 mmol/L,总胆固醇 4 mmol/L
	肺功能:肺活量 76.6%,一秒量 68.9%,一秒率 88.8%
	运动心肺试验:VO_{2max} 1.07 L/min,占预计摄氧量的 57%;检查结果阴性,运动未出现心绞痛
运动风险	低( ) 中(√) 高( )
运动测试	心肺功能:低( ) 中(√) 高( )
	肌肉力量:差( ) 一般(√) 较好( )
	柔韧性:差(√) 一般( ) 较好( )
运动处方	
运动目的	改善心肺功能,提高运动耐力,提高身体免疫力,最后逐渐减少吸入制剂的使用
运动方式	中低强度耐力练习配合呼吸练习,运动形式采取间歇慢跑
运动频率	每周 2 次,两次训练中间间隔 2～3 天
运动强度	1.适应阶段。训练开始 1～4 周。运动开始后,佩戴心率表在 60 m 一圈的走廊进行走跑间歇练习,练习过程中走半圈、跑半圈,运动过程中保持目标心率 103 次/min(70%最大心率),持续 6 圈;然后进行呼吸训练,在练习过程中先进行慢呼慢吸 20 次,再进行慢呼快吸练习 20 次,休息 2～3 min,重复三组 2.提高阶段。训练第 5～12 周,佩戴心率表在 60 m 一圈的走廊进行走跑间歇练习,练习过程中走半圈、跑一圈,运动过程中保持目标心率 118 次/min(80%最大心率),持续 6 圈;然后进行呼吸训练,在练习过程中先进行慢呼慢吸 20 次,再进行慢呼快吸练习 20 次,休息 2～3 min,重复三组
运动时间	单次练习训练部分连续运动 48 min,外加热身和拉伸时间不超过70 min
周运动量	每周运动 2～3 小时

续表

运动目标	1.短期。运动初期三个月内以改善心肺功能、提高身体素质为主,主要目标为降低运动风险 2.长期。三个月左右若能达到上述短期目标,下一步训练以患者能完全适应的运动负荷设计运动处方,以培养患者的运动习惯,达到逐渐减少药物使用的目的
注意事项	该运动处方以呼吸抗阻练习、耐力练习为主,注意在患者做上举动作时要配合呼吸练习,动作过程中不要让患者憋气。此外,中老年人恢复能力较差,因此应强调运动前的热身和运动后的拉伸,促进恢复,防止劳损和伤病发生
效果评估	经过3个月的训练,该患者一秒量从68.90%提高到69.81%,肺活量从76.6%显著升高到79.3%,最大摄氧量从1.07 L/min提高到1.17 L/min,表明患者肺通气功能得到改善,运动耐力也明显提高,运动风险明显降低,可以进行短时间持续性耐力训练
回访时间	三个月后,复查肺功能,进行心肺运动试验及体质测评
运动处方师	贺医生
机构名称	××县体医融合健康促进中心

宋先生拿着运动处方,看着上面贺医生写出的心率控制又犯了难,“专家,这个心跳咋控制啊?”“您让孩子帮您网购一个带心率监测的手表,您在锻炼的时候一抬手就可以看见手表显示的心率了。需要注意的是,您要在整个锻炼的过程中都保持这个心率,而不是运动完达到这个心率就可以了。”贺医生解释道。“好好好,平时只知道要多走走,还真不知道要控制心跳呢。我还要注意什么吗?”宋先生问道。“针对咱们高龄的慢阻肺患者来说,日常活动量少,耐力较差。咱们短期目标就是提升运动耐力和心肺功能,前四周是让您对这种训练负荷产生适应,然后后8周是提高运动强度来更好地加强心肺功能。预计您三个月后的最大摄氧量会达到1.17 L/min。”贺医生解释道。同时贺医生还注意到宋先生有轻微腰椎间盘突出的问题,提醒他一定要注意运动前后的热身和拉伸工作。“您跟着我助理去学习几个拉伸的动作吧。”贺医生热情地说。随后,助理教了宋先生几个肌肉拉伸的动作,“弓箭步,上身挺直,右腿在前,膝关节屈90°。左腿膝关节跪于垫上,右手或者右腿放在固定物上保持平衡。膝关节屈曲,左手握住左侧脚踝,将小腿拉近大腿。坚持15~30秒后换腿。”“还有一个动作比较简单:取坐位,腰背挺直;重心前移,双膝打开,坚持15~30秒。”此外,

助理还特别提醒宋先生一定要注意拉伸过程中的不适感，如果有部位出现疼痛情况，一定要立即停止。

学习完动作后，助理掏出手机亮出微信群二维码。他对宋先生说道："咱们加一下这个微信群吧，对于您后期心肺能力的变化情况以及有什么疑惑，都可以在群里和我们交流。"宋先生兴高采烈地说道："好啊，我正愁着三个月之后去问谁呢，哈哈。"宋先生拿起手机扫码加入微信群，并对贺医生和助理表示感谢后便离开了现场。

（三）病情好转

宋先生回到家，便给儿子打了个电话："孩子啊，我今天去咨询了体育专家，人家根据我的病情教给我怎么运动了，你帮我在网上买个带心率监测的手表，到时我就练起来。"宋先生的儿子对此事表示支持，随即帮宋先生买了一块手表。

第二天宋先生收到网购的手表，便开始了当天的训练内容。他戴上手表，去楼下围着居民楼走半圈跑半圈，时不时地看看手表显示的心率。每天晚上根据助理分享到微信群里的科学健身推文，学习着新的拉伸和放松动作。看着群里越来越多的人的病情有所改善，宋先生自己也信心加倍，每天都要空出一段时间来完成当日的训练计划。

一个月后，宋先生打开微信进入微信群聊天框，输入道："再次感谢贺医生和助理的耐心讲解，我现在明显比以前好多了，刚开始锻炼的时候还是喘得厉害，现在已经没那么喘了！"随后群里好多病友都对宋先生竖起了大拇指。助理回复道："宋叔叔，您接下来的两个月要提升强度了，把锻炼时的心率提升到125次/分，继续保持锻炼习惯。"宋先生连连说好。

三个月后，宋先生再次来到医院检查病情，测试完医生说道："看来您最近没少锻炼啊，现在的最大摄氧量已经是1.20 L/min了。您自己也感觉出来不像之前那么喘了吧？要坚持啊，老爷子！""我这是听了咱们那个中心专家的建议，坚持锻炼的结果！"宋先生满脸笑容地回复道。

（四）总结

宋先生哼着小曲走在公园里，碰见几位老友，大家聊起天来。宋先生拍了拍自己的胸脯，称现在自己都可以一口气爬好几层楼梯了，呼吸也比之前顺畅了许多。随后他和老友们详细地介绍了自己如何锻炼，如何完成处方计划。谈话间他感叹道，自己多年吃药没根除的病情在运动中缓解了，并且现在还减少了药物摄入量。由此可见，运动是手段，运动处方是路径，合理锻炼是良药，体医融合是一种新型有效的治疗方法。

三、案例使用说明

（一）教学目的与用途

（1）了解运动处方的相关基本理论与方法，学会根据不同病情具体分析，掌握制定运动处方的具体流程和基本方法。

（2）熟练运用各项辅助制定运动处方的计算公式，并掌握制定运动处方的注意事项。

（二）案例思考题

（1）结合本案例，简述案例中宋先生运动处方制定的思路。

（2）从运动处方的基本理论出发，根据案例提供的运动处方制定流程，阐述运动处方的制定原则和指导原则。

（3）思考在制定运动处方时的注意事项有哪些。

（三）分析思路

使用本案例时，可根据具体课程内容的需求，结合相关的理论与方法，从以下几个方面进行分析。

1.运动处方的制定思路

①分析患者体质与健康特征，②明确运动处方的目标，③选择运动方式，④确定运动强度及时间，⑤注重运动频率，⑥列出注意事项。

2.运动处方的制定流程、制定原则与指导原则

（1）制定流程

①健康筛查：对运动处方对象现存或潜在的健康问题进行确诊或排除，判断运动处方对象目前能否进行运动，保证运动测试和运动中的安全性及有效性，评估与防范运动可能导致的风险，将运动带来的益处最大化。

②医学检查：由有资质、专业的健康管理人员或相关专业医生对运动处方对象进行全面的医学检查，主要包括病史、体格检查，实验室检查和运动负荷测试，以便发现不适合运动的医学问题。

③运动风险评估：评估由于运动方式、运动强度和运动时间的累积效应导致机体在形态、机能上的异常变化或损坏，从而出现危害健康的损伤、疾病乃至死亡的可能性。

④运动测试：评估运动处方对象身体发育水平、身体的生理生化功能水平、身体素质和运动能力水平、心理的发育水平及适应能力。

⑤制定运动处方：根据运动处方对象的体质与健康状况以及参与体育锻炼的目的制定运动处方的具体内容。

⑥过程监控与微调整：运动处方制定后，需要专门的人员对运动处方对象进行实地指导，以保证准确执行运动处方，使运动处方对象获得预计的健身效果。根据运动处方对象是否产生不良反应、对运动计划的耐受性及时调整运动计划。

⑦效果评估：定期评估运动处方对象的依从性、运动负荷的适应性、体质与健康改善情况以及心理健康改善情况。

⑧根据评估结果调整运动处方。

⑨运动处方实施一段时间后再评估、再调整。

(2)制定原则

①安全性原则：为避免运动风险的发生，制定运动处方前要充分了解运动处方对象的病病史、家庭史和运动史，对其进行运动前的健康筛查、运动风险评估和体力活动水平评估，并进行相应的医学检查，了解其从事体育锻炼的限制程度，掌握义务监督与监控的风险点，使其在安全的范围内进行锻炼。

②有效性原则：根据运动生理学中的应激与适应原理及运动训练学会中的超量恢复原则，制定运动处方时，在安全范围内选择合适的运动负荷，以使身体得到较适合的刺激。

③个性化原则：运动处方根据每一个运动处方对象的具体情况而制定，具有很强的针对性，必须因人而异。

④专门性原则：专门性原则是指每个运动处方应该有所侧重，即根据健身的具体目标，选择专门的、有针对性的练习内容和运动方案。

⑤全身性原则：制定运动处方时，尽可能选择全身性运动(如跑步、游泳、滑雪等)，尽量使全身多数部位得到有效的锻炼，而不是仅使用身体某部分肌肉的运动方式。

⑥可行性原则：制定运动处方时，要充分考虑处方的可操作性、可持续性及可评价性。

⑦循序渐进性原则：制定运动处方时，运动量和运动强度应由小到大，运动

方式应由易到难,遵循循序渐进的原则。

⑧周期性原则:进行运动时,往往需要8周以上才能获得健康收益。因此,制定运动处方时,需要结合运动处方的目的,明确变化效果需要的大致周期长度。

(3)指导原则

FITT-VP原则是制定科学运动处方的重要指导原则,包括频率(Frequency)、强度(Intensity)、时间(Time)、方式(Type)、运动量(Volume)和进阶性(Progression)六个方面。该原则可用于不同人群的运动计划设计,以确保运动的安全性和有效性。具体内容见表2。

表2 FITT-VP原则

频率 (Frequency)	指每周的锻炼次数
强度 (Intensity)	指运动时的剧烈程度,是衡量运动量的重要指标之一,可用心率表示。一般认为小于最大心率的57%为低强度,最大心率的57%~63%为较低强度,最大心率的64%~76%为中强度,最大心率的77%及以上为高强度
时间 (Time)	指一次锻炼的持续时间。它与运动强度紧密相关,强度大,时间应稍短,强度小,时间应稍长。有氧锻炼一般在30~60 min可以达到较好的效果
方式 (Type)	在运动处方中,为锻炼者提供最合适的运动方式关系到锻炼的有效性和持久性。选择运动方式,要考虑运动目的,是健身还是治疗;要考虑运动条件,如场地器材、余暇时间、气候等;还要结合体育兴趣爱好等
运动量 (Volume)	指每周的运动总量,运动强度、时间、频率是影响、决定运动总量的因素。有氧运动量由运动的时间、频率和强度共同组成;抗阻运动的运动量由运动的强度、频率和每个肌群练习的组数及每组重复的次数组成。运动量在实现运动促进健康/体适能效应中起重要作用
运动进阶 (Progression)	运动进阶取决于机体的健康状态、年龄、个人运动爱好和目的,以及机体对当前运动水平的耐受能力。运动计划的进阶速度取决于个体的健康状况、体适能、运动反应和运动计划目标。进阶可以通过增加个人所能耐受的运动处方的FITT原则中的任何组成部分,通常是先调节运动的频率和每天运动的时间,最后调整运动强度。在运动计划的开始阶段,特别是无规律运动习惯者,采取“低起点,缓慢加”的策略,可降低运动相关的心血管事件的可能性和损伤风险,以及增加个体对运动的适应性和依从性

3.制定运动处方的注意事项

(1)运动处方首先应在其原则的基础上制定,即个性化原则、有效性原则、安全性原则、全身性原则等。其次,进行包括运动者病史、身体状况等一系列问卷调查。随后测定其有氧适能水平,据此对运动处方进行修改和微调,以适合参加者的生理反应。最后实施运动处方。

(2)在实施的过程中应注意每一次训练课的安排,严格按照其三个部分进行,即准备活动部分、基本部分和整理活动部分。锻炼过程中要对运动强度进行监控。还要注意运动中的医务监督,健康人须进行自我监督,治疗性运动处方者须实施医务监督。

(3)设定合理的运动强度和运动频率。对于强度,须严格按照心率计算公式来具体计算;对于频率,每周锻炼 3～4 次是最适宜的频率,不能少于两次。两次运动间隔的时间不宜大于 3 天。

(四)理论依据

1.运动处方理论

运动处方是由康复医师、康复治疗师或者体育教师、社会体育指导员、私人健身教练等,根据患者或者体育健身者的年龄、性别、一般医学检查、康复医学检查、运动试验、身体素质、体适能测试等结果,按其年龄、性别、健康状况、身体素质,以及心血管、运动器官的功能状况,结合主客观条件,以处方的形式制订适合患者或者体育健身者的运动内容、运动强度、运动时间及频率,并指出运动中的注意事项,让患者或体育健身者达到科学地、有计划地进行康复治疗或预防健身的目的。

具体运动形式包括耐力性有氧运动、力量性运动、伸展运动和健美操。

(1)耐力性有氧运动是运动处方涉及的最主要和最基本的运动手段。在治疗性运动处方和预防性运动处方中,主要用于心血管、呼吸、内分泌等系统的慢性疾病的康复和预防,以改善和提高心血管、呼吸、内分泌等系统的功能。在健身、健美运动处方中,耐力性(有氧)运动是保持全面身心健康和理想体重的有效运动方式。

(2)在运动处方中,力量性运动主要用于运动系统、神经系统或关节功能障碍的患者,以恢复肌肉力量和肢体活动功能为主。在矫正畸形过程中和肌力平衡被破坏所致的慢性疾患的康复中,通过有选择地增强肌肉力量,调整肌力平衡,可改善躯干和肢体的形态及功能。

(3)伸展运动及健身操较广泛地应用在治疗、预防和健身、健美等各类运动处方中,主要的作用有放松精神、消除疲劳,改善体形,防治高血压、神经衰弱等疾病。

2.体医融合理论

2016年印发的《"健康中国2030"规划纲要》第六章"提高全民身体素质"指出:完善全民健身公共服务体系、广泛开展全民健身运动、加强体医融合和非医疗健康干预、促进重点人群体育活动。在"加强体医融合和非医疗健康干预"一节提出:发布体育健身活动指南,建立完善针对不同人群、不同环境、不同身体状况的运动处方库,推动形成体医结合的疾病管理与健康服务模式,发挥全民科学健身在健康促进、慢性病预防和康复等方面的积极作用。加强全民健身科技创新平台和科学健身指导服务站点建设。开展国民体质测试,完善体质健康监测体系,开发应用国民体质健康监测大数据,开展运动风险评估。《"健康中国2030"规划纲要》把大健康作为最突出的新兴产业,跨界融合是其最重要的路径,而跨界融合,最重要的、直接的方式就是体医融合。

医疗的本源是保障人民健康,治疗患者疾病,恢复患者功能,提高患者生活质量,使患者回归家庭和社会,是以患者为中心,而不是以医疗为中心。体育的本源是保障人民健康,达到增强全民体质、降低各类疾病发病率、提高工作和生活的效率、延长健康寿命的目的,而不是单纯的竞技。因此医疗和体育必须回归到增强人民体质、保障人民健康、改善人民生活质量的本源上来。要想二者更好地为人民健康服务,就需要体育和医疗的融合,用科学的方法指导运动,用医疗的手段服务运动。并非所有运动都可以获得健康,只有满足科学性、安全性、有效性的运动,才能够真正促进人民的健康。只有融合竞技体育科学理论技术和临床医疗技术来为体医融合作有力的支撑,才能让体医融合走得更远。

(五)关键要点

结合本案例,学习运动处方制定的具体内容、流程与注意事项,引导学生学会运用相关理论并根据慢阻肺病情制定特定运动处方。

(1)关键知识点:根据案例充分了解为慢阻肺患者制定运动处方的主要目的,掌握在运动处方开具过程中的各项计算方法;熟练掌握运动处方开具的整体流程和注意事项。

(2)关键能力点:问题分析能力、随机应变能力和具体实施能力。

(六)建议课堂计划

本案例可以在专门的案例讨论课上使用。表 3 是按照时间进度提供的课程计划建议,可供参考。整个案例课的课堂时间控制在 90 分钟内。

表 3 课程计划

	主要内容	时间安排
问题导入	教师引入案例,介绍运动处方制定的原则和注意事项,明确本节课的主题,开始本案例的初步自主学习	15 分钟
分组讨论	教师提出启发思考问题,告知学生发言要求,学生分组讨论,进一步了解慢阻肺运动处方的制定流程与注意事项,归纳总结,进行点评	25 分钟
小组陈述与报告	采用 PPT 报告形式总结本节课学习到的知识点,学生自选病种拟制订运动处方。各小组选出一名代表,简述本小组对案例的分析和对问题的思考,还可将本案例中值得深入思考的问题提出来供全体学生进一步讨论交流	30 分钟
归纳与总结	教师首先应对各小组的讨论学习情况进行点评和总结,提出各小组的优缺点;其次,提出自身对本案例学习的看法,总结学习本案例的价值和本次课堂讨论有待完善的地方,引导学生进一步思考如何制定运动处方	20 分钟

参考文献

[1]运动处方中国专家共识(2023)[J].中国运动医学杂志,2023,42(01):3-13.

[2]任弘,赵元慧.主动健康理念下中国人群精准运动处方研制与运动处方库建设[J].北京体育大学学报,2023,46(11):102-117.

[3]张全成.高级体适能与运动处方[M].西安:西北工业大学出版社,2019.

[4]冯连世.运动处方[M].北京:高等教育出版社,2020.

第十九章　运动损伤的治疗与康复
——以前交叉韧带损伤为例

北京冬奥会点燃了人们参与冰雪运动的热情，全国各地“滑雪热”持续升温。与此同时，医院里因滑雪而受伤的人数也在增加，尤其是膝关节韧带损伤的患者最为常见。本章以初学者小苏的滑雪经历为案例，运用运动损伤与康复学的相关理论知识，对小苏滑雪过程中受伤的原因、受伤后如何进行科学的康复以及如何预防滑雪中的膝关节韧带损伤等问题进行归纳总结，引导体育硕士专业学位研究生将运动损伤与康复的专业技能应用于专业实践中。

一、案例背景

在“三亿人参与冰雪运动”的号召下，冬奥会的暖风也吹“热”了滑雪场。人们对于冰雪运动的热情愈发高涨，全国各地不少地方都开放了室外滑雪场，满足大家对滑雪运动的向往。相对于上手难度较大的单板，双板是零基础人群的首选。但是，冰雪运动有较强的技巧性，即便是双板，如果运动不当，也很容易对身体造成伤害。有学者对 2021 年崇礼某大型滑雪场人群的损伤情况进行调查分析发现，在当年两个雪季发生的 753 例损伤中，有 167 例是关节或韧带的损伤，不少网友开始调侃“雪道的尽头是骨科”。

二、案例正文

（一）走，滑雪去

2021 年 1 月 20 日的金山滑雪场，晴空万里，气温在零下 7 摄氏度左右，小苏和朋友一行人来体验滑雪。雪场的人比想象中还要多,排队领雪鞋、雪板、雪杖等装备就耗费了近一个小时的时间。佩戴上厚重的装备,手持雪杖,第一次踏进雪场,迎着一望无际的天空和绵延的群山,风从四面八方吹来,小苏感受到前所未有的轻松和惬意。伴着此起彼伏的尖叫声,人们从雪坡上飞驰而下,有的人摔得仰面朝天,却依然没有浇灭滑雪的热情。小苏也按捺不住兴奋的心情,跃跃欲试。但滑雪远没有电视上看到的那么轻松,小苏颤颤巍巍地踩上雪板,身体仿佛失去控制,她只能小心翼翼地一步步往前挪,心想,“不行,这样玩太没意思了,不如找个教练请教一下,早点学会还能玩得尽兴一点。”

“对于初学者来说,滑行速度和重心稳定之间的平衡很难把控,再加上室外滑雪场多变的地形、雪况、大风等其他因素,就连经验丰富的老手都有失速和失去平衡的可能。所以教技术之前,我得先和你强调一下安全问题。”小苏找来的张教练先强调了安全事项。扛上滑雪板,走上“魔毯”,张教练带领小苏来到初级道的顶端。“滑行时双膝向里扣,板尾向外张开。”“膝盖弯曲,小腿和背部倾斜的角度保持一致。”“刹车时要把脚变成八字形,前面留一点空隙,把身体重心放在前面……”张教练手把手地给小苏指导滑雪的基本技巧,引导着小苏学会控制滑速,沿着雪坡慢慢向下滑,随时调整方向和保持平衡,并仔细纠正其双腿和核心的发力方式。有时一个简单动作,他也耐心地反复讲解,直到小苏掌握要领,关乎安全的动作,更是“唠叨”无数次。

(二)雪道的尽头是骨科

经过张教练 1 个小时的指导帮助,小苏发现滑雪也没什么难的,感觉自己差不多掌握了滑雪技术。初级雪道已经满足不了小苏的好奇心,看到别人在高级雪道上完成俯冲、腾飞、旋转等刺激好玩的动作,一向爱冒险的小苏也按捺不住了,决定去尝试一下。高级雪道坡度相对较大,下滑速度较快,小苏躲闪不及,一时惊慌重重摔倒在地。见小苏疼得已经站不起来了,朋友们立即找来了雪场的工作人员。医务人员为小苏喷了点止痛药,经过简单的包扎固定后,小苏被紧急送往医院。

到医院后,接诊的骨科医生刘主任简单询问了小苏的受伤过程。“我也不知道当时是怎么了,滑下来时感觉自己速度太快,有点怕,想减缓一点,拐个弯,扭了下膝盖,感觉就像小腿转了 360°,膝盖一阵剧痛,我想站起来却感觉右腿无法发力。”小苏回忆说。“医生,我不会是骨折了吧?”小苏小心翼翼地问。刘主任说:“先去拍个 CT 看看吧。”通过片子,刘主任发现小苏的膝关节内侧间隙增宽，说："放心，骨头没问题。"小苏内心窃喜，看来问题不大了。接着，医生为小苏做了抽屉试验，结果是呈阳性。刘主任说，"初步诊断为前交叉韧带断裂。我先给你做消肿处理，你们再去预约一个磁共振，根据磁共振结果我们再做进一步的治疗方案。"三天后，小苏和父母带着磁共振结果再次找到刘医生。"你这骨头和半月板都没啥问题，但是韧带都断了。韧带损伤可以分为三级，Ⅰ、Ⅱ级可以考虑进行保守治疗，但你属于Ⅲ级撕裂，就需要手术修复。"刘医生说。大多数前交叉韧带撕裂不能缝合，为了修复并恢复膝关节的稳定性，就需要重建韧带。关节镜下韧带重建是目前最流行的交叉韧带断裂后的治疗方案。在对小苏进行消肿治疗一周后，刘主任为她进行了关节镜下的韧带修复微创手术。术后第一天小苏就可以下地活动，但还需进一步康复训练，要 3～6 个月后才能进行正常运动。术后刘医生很耐心地解答了小苏许多关于前交叉韧带断裂及重建的问题。

伴随着北京冬奥会的热潮，参与滑雪运动的人逐渐增多，同时层出不穷的滑雪受伤事件也让网友调侃："三亿人上冰雪，三千万在骨科。"一周里，该科已经收治了十多例因滑雪受伤的患者。在接诊过程中，刘主任发现这些损伤主要集中于膝盖的前交叉韧带及内侧副韧带。为此，刘主任专门查阅了相关资料，了解双板滑雪的滑行技术，终于明白这两处韧带容易在滑雪时损伤的原因。刘主任告诉小苏："双板滑雪直行过程中，运动者通常会弯曲膝关节，以降低身体重心，保持稳定。此时，如果雪板内缘与地面相嵌，就会出现滑行不畅，而身体会因惯性继续前冲，导致小腿外旋，膝关节内侧副韧带受力过度出现损伤；如果小腿外旋加大，还会导致前交叉韧带损伤。当滑雪者以坐于两个雪板之间的姿势摔倒，膝关节弯曲且大腿向内扭转，同时由于雪板的固定作用，使得小腿相对大腿前移，就会导致内侧副韧带和前交叉韧带损伤；如果落地时为蹲坐姿势，损伤可能更加严重。"

（三）膝关节前交叉韧带损伤的康复

前交叉韧带损伤后，除了手术成功与否之外，术后康复训练水平的高低也决定了前交叉韧带功能恢复的程度。康复治疗的主要目的是消炎消肿，改善血液循环，促进组织修复，防止粘连，最大限度地恢复膝关节的功能。术后第二天，刘主任来查房，给了小苏一份康复计划（见表 1），并把计划中的标准动作视频传给小苏，让她每天根据康复计划练习。自从受伤后，小苏的情绪状态一直不高，对前交叉损伤病症与复健的未知充满惶恐，一再和父母讨论要不要去康复中心，让专业人员帮助康复训练。为此，小苏的父母也咨询了刘主任的意见，刘主任回答说："我比康复中心的人更了解小苏的病情，你们先监督小苏按照我给的计划自主练习，住院的这一周我也会亲自指导，先坚持半个月，复查之后要是康复得慢，再去康复中心也行。"在刘主任的指导下，小苏开始了漫长而艰难的康复之路。

表1　前交叉韧带损伤康复计划

训练项目		具体内容
肌肉力量	踝泵练习	术后麻醉消退后立即开始，用最大力量向上勾脚尖5秒后再向下踩5秒，每天总量500～1000次
	股四头肌收缩	术后麻醉消退后立即开始，用力收缩大腿前侧肌肉5秒后放松2秒，每天总量500次
	腘绳肌收缩	膝关节完全伸直后用力下压脚下所垫枕头，持续5秒，放松2秒，每天总量500次
	直抬腿	膝关节伸直抬离床面15°，持续到力竭。6周内每天几次即可，6周后逐渐强化
	静蹲	扎马步，术后10周开始，在无痛的角度练习，注意膝关节不要超过脚尖，每次持续1～2分钟
关节角度	屈膝练习	术后4～7天开始，每天上午进行一次屈膝练习。屈膝角度为可耐受范围内最大角度； 屈膝的流程：解除护具→屈膝至最大角度→维持10分钟→佩戴护具→冰敷20分钟； 屈膝的方法：70°内坐位垂腿，70°～100°坐位顶墙，90°以上坐位抱腿、仰卧垂腿
	伸膝练习	术后第一天开始，每天下午进行2次，持续一个月； 练习方法：脚后跟垫枕头，膝关节下空出，肌肉完全放松，持续20分钟。膝关节后侧的酸胀感是正常现象

续表

训练项目		具体内容
其他	行走	术后第二天即可下地负重行走(即患肢可以踩地)以满足简单的日常生活,若下地时患肢没有疼痛且肌肉力量能保证不跌倒则可酌情不使用拄拐
	支具	一个月内除屈膝练习外24小时佩戴支具,一个月后下地佩戴,在床上可以取下
	冰敷	每次屈膝训练后必须用冰水混合物冰敷膝关节周围20 min,其他时间平均冰敷2~3次
注意事项		1.术后两周内避免0°~40°的暴力主动伸膝活动。如:踢球动作; 2.训练中出现疼痛为正常现象,若训练结束后半小时疼痛缓解,则不会造成损伤; 3.关节的肿胀、发热为正常现象,可以通过冰敷缓解。若肿胀、发热持续严重且关节长度长期无进展,则应减少活动及训练量,及时会诊

术后第一周,膝关节尚处于炎症反应期,这一周康复训练的主要目标是消除下肢肿胀,避免关节积液,减轻关节疼痛,防止肌肉萎缩。手术当天,麻醉消退后,小苏便在刘主任的帮助下进行踝泵练习,这一动作对促进血液循环、防止深静脉血栓具有重要意义。第一次尝试时,小苏感到十分紧张,疼痛感明显,动作有些吃力。术后第三天,在加强踝泵练习的基础上,小苏开始在床上练习压腿和直抬腿,动作比前两天更加有力了,下床时可以脱拐,能够适当承重走路。术后第五天,刘主任来对小苏进行出院前最后的检查。小苏欣喜地将自己练习的动作展示给刘主任,弯腿能达到五六十度,直抬腿也越来越轻松。出院后,小苏也不敢懈怠,买了碘伏、纱布和弹力绷带,每天自己换药,坚持冰敷。术后两周后,小苏每天弯腿3次,屈膝角度能够轻松达到90°,行走也自如多了。通过一个多月的康复练习,小苏的膝盖终于能够自如屈伸,在台阶上迈上迈下也察觉不到痛感。看着每天的点滴进步,小苏对恢复充满了信心。

(四)怎样滑雪更安全

虽然第一次体验滑雪的结果略显苦涩,但那种从雪道上疾驰而下、轻松畅快的感觉还是让小苏回味无穷。住院的日子里,小苏一边坚持复健,一边了解滑雪这项运动,恰好同病房的一名患者的家属是一名有经验的滑雪教练,在聊天过程中小苏也向他请教了一些滑雪技术上的问题。

参与滑雪这种危险系数较高的运动时，选择雪道要量力而行。通常雪道标准分为三级：初级道的坡度为14°以下，中级道的坡度为14°～21.8°，而高级道的坡度在21.8°以上。滑雪一定要选择适合自己滑降技术水平的雪道，不要逞能而选择超越自己能力的雪道，这样才能在更好保护自己的前提下提高滑雪技能。特别是初学者，一定要选择初级雪道进行练习，当自己的技术水平达到能安全地停住，并能避开滑雪道上的障碍物和其他滑雪者时，才能去更高等级的雪道滑雪。

对于初学者来说，滑雪过程中不可避免会摔倒，甚至有时需要主动摔倒来降速以避免更大的损伤，但如何摔倒是非常有讲究的，学会正确的摔倒姿势，可以尽量避免受伤。

摔倒时不要大力挣扎，尽量降低重心向左后方或右后方坐下，臀部着地后，雪板的钢边会刮到雪地而造成阻力，阻止雪板滑动。记住，摔倒时不可以向正后方坐，因为这个角度臀部往往无法坐到地面。与此同时，举起双手、屈身，顺其自然向下滑动，注意避免头部朝下，更要避免翻滚。另外，在结伴滑行时，雪友之间一定要拉开距离，切不可为追赶同伴而急速滑降，那样很容易摔倒或与他人相撞，初学者很容易发生这种事故。若途中停留休息，要停在滑雪道边上，并注意避开从上面滑下来的人。

除此之外，还要做好必要的保暖措施，运动前保证充分的热身，让运动系统处于最好的生理状态，在出现紧急情况时迅速反应，避免损伤。要到正规的滑雪场滑雪，正规的滑雪场有专人维护管理滑道，道面一般不会有太大的不平整，相较而言，野外的、无人管理的滑雪场，滑道路况不明，坡度变化较大，会增加受伤的风险。

（五）结语

经过这次挫折，小苏也算是买了个教训，她的故事同时也给一些想要尝试滑雪运动的人敲响了警钟。冰雪运动固然魅力无限，但对于初学者而言，我们体验滑雪的目的是感受快乐，因运动不当导致身体受伤就得不偿失了。如果在摔倒后自觉膝关节出现较为严重的疼痛，就需要立即停止运动，同时向滑雪场工作人员求助，必要时选用身边可获得的膝关节支具、夹板等初步固定膝关节，及时就医，明确骨骼、韧带等组织损伤的情况，在医生的指导帮助下确定进一步的康复方案。

三、案例使用说明

（一）教学目的与用途

运用运动生理学及运动损伤与康复的相关理论，引导学生分析小苏膝关节前交叉韧带断裂的原因，学会制订有针对性的运动损伤康复计划，为体育教学和运动训练方向体育硕士研究生的专业实践提供参考和借鉴。

（二）案例思考题

（1）明确前交叉韧带断裂的临床表现。
（2）明确前交叉韧带损伤分级。
（3）明确前交叉韧带损伤的诊断方式。
（4）为前交叉韧带损伤制订术后康复方案。
（5）思考避免滑雪过程中膝关节韧带损伤的措施。

（三）分析思路

使用本案例时，可根据具体课程内容的需求，结合相关的理论与方法，从以下几个方面进行分析。

（1）前交叉韧带损伤的临床表现分为急性期和陈旧损伤期。所谓的急性期，就是刚刚受伤三个星期以内，这时候膝盖刚刚扭伤，主要的症状是疼痛、肿胀，还有关节内积血。有些人可能受伤之后并不注意，休息一段时间后疼痛感减轻，这时若继续进行剧烈运动，就会慢慢发展成陈旧性的损伤。在这一时期韧带可能断掉或者松弛。主要表现为基本没有痛感，仅仅是出现关节不稳的症状，在进行跑步、起跳、蹲起、急转急停等运动时膝盖突然发不上力，或者说突然感觉到腿发软，还有人膝盖里面有异常的响声或者伴有搓动感。

（2）前交叉韧带损伤，通过磁共振检查一般分为三级。一级指前交叉韧带内损伤，但交叉韧带无明显长度变化。二级指前交叉韧带内损伤，交叉韧带的长度出现变化。三级指前交叉韧带完全断裂。对于前交叉韧带一级、二级损伤，可考虑行非手术治疗，主要是避免从事冲击性及剧烈性的运动，膝关节避免过度的负重，如爬楼、爬山、拎重物及深蹲等动作。对于前交叉韧带三级损伤，目前一般是在膝关节镜下行前交叉韧带重建术。

（3）前交叉韧带损伤时，患者感觉膝关节内有撕裂声，随即膝关节软弱无力，关节疼痛剧烈，迅速肿胀，关节屈伸受限。有的可见关节周围有皮下瘀斑。检查可见膝前抽屉试验呈阳性。X线可见一侧关节间隙增宽，有时可见胫骨髁间隆突撕脱骨折。核磁共振检查可发现前交叉韧带连续性中断或在正常应出现的位置上无显示。

(4)由于每名患者伤情、术式不同，个性化康复方案必须由手术医生或康复医生(与手术医生交流后)制订。在为患者制订有针对性的康复方案时，主要把握以下几个原则。

①术后佩戴膝可调支具(铰链式)的时间：6～8周。

②负重时间：2周，负重时膝关节必须完全伸直(支具调至0°锁住)。

③关节活动度：1周内弯曲达到90°；5周内不可以超过90°；5周后开始练习90°以后的角度。

④伸直练习必须术后第一天就开始，膝关节的伸直受限不被允许。

⑤除膝关节康复训练外，相邻关节活动可以尽早开始。

⑥肌力训练在疼痛可忍受的情况下，尽早开始。原则是术后早期(10周内)的动作需避免胫骨向前、内外翻和旋转的应力(这些应力恰好是前交叉韧带的功能，在韧带愈合前，做这些动作将导致其松弛)。这是术后早期要求直腿走路的原因，其他需要避免的动作包括踢腿、蛙泳、大角度静蹲和深蹲等。

⑦有条件的患者，尽早开始本体感觉训练。

(5)首先，要做好保暖措施，运动前充分热身，让运动系统处于最好的生理状态，在出现紧急情况时迅速反应，避免损伤。其次，到正规的滑雪场滑雪，选择正确的雪道，特别是对于初学者而言，一定要选择初级雪道进行练习，当自己的技术水平达到能安全地停住，并能避开滑雪道上的障碍物和其他滑雪者时，才能去更高等级的雪道滑雪。最后，要学会正确的摔倒姿势。需要注意尽量侧摔而非正面向前后摔倒；雪友之间一定要拉开距离；切不可为追赶同伴而急速滑降，因为这样容易摔倒或与他人相撞。

(四)理论依据

1.膝关节韧带损伤

膝关节是人体结构最复杂、所受杠杆作用力最强的一个关节。在膝关节内部和周围，主要有四组韧带来维持膝关节的稳定性，包括内侧副韧带、外侧副韧带、前交叉韧带和后交叉韧带。当膝关节受到的外力使关节活动超出正常生理活动范围时，则会造成膝关节周围的韧带拉伤、部分断裂甚至完全断裂，被称为膝关节韧带损伤。膝关节韧带损伤十分容易出现在一些高速运动中，如打篮球、踢足球和滑雪等运动。

2.前交叉韧带

前交叉韧带(anterior cruciate ligament,ACL)起自于股骨外侧髁内侧面的半圆形凹陷处,经前内侧通过股骨髁间凹插入并附着于胫骨髁间隆起的前方,与外侧半月板的前中部相连。其功能包括:屈膝时防止胫骨前移,伸膝时阻止膝关节过伸;控制膝关节旋转;不同屈膝角度时控制膝关节内外翻;参与伸膝时最后的锁扣运动;具有本体感受功能。前交叉韧带是重要的静力与动力性稳定结构,与其他韧带共同保持胫骨关节的正常运动。

3.前交叉韧带的发病机制

有身体冲撞或者高速度的运动,容易发生前交叉韧带断裂。常见的受伤机制包括屈膝外翻伤、外旋伤、过伸伤等。常见的受伤动作有:足球运动中与对方球员对脚发生外翻伤;篮球运动中带球过人时支撑腿膝关节发生急速扭转而致外旋伤,投篮后单腿落地扭伤;滑雪运动中高速下滑时滑板插入积雪。一些群众性运动,例如拔河、跳马、跳箱等也容易出现前交叉韧带损伤。日常交通事故中,骑电动自行车跌倒或是一些体质弱的人不慎跌倒,也可能导致前交叉韧带损伤。

4.抽屉试验

患者膝关节屈曲 90°,小腿垂下。检查者用双手握住患者胫骨上段做拉前和推后动作,并注意胫骨结节前后移动的幅度,前移增加表示前交叉韧带断裂。由于正常膝关节在膝关节屈曲 90°位置下胫骨亦能有轻度前后被动运动,故需将健侧与患侧对比。单独前交叉韧带断裂时,胫骨前移幅度仅略大于正常,若前移明显增加,说明可能还合并有内侧副韧带损伤。此试验建议在麻醉下进行操作。

(五)关键要点

(1)关键知识点:运用运动生理学和运动损伤康复学的相关知识,学习膝关节运动损伤的治疗与康复方法。

(2)关键能力点:发现问题、分析问题、解决问题的能力。

(六)建议课堂计划

本案例可以在专门的案例讨论课上使用。表 2 是按照时间进度提供的课程计划建议,可供参考。整个案例课的课堂时间控制在 90 分钟内。

表 2 课程计划

	主要内容	时间安排
问题导入	教师向学生简短介绍本案例学习的主题，包括案例的大致背景、主要内容、案例涉及的主要问题以及理论	15 分钟
分组讨论	小组成员对案例描述的现象和提出的问题进行分析讨论，并针对问题提出主要观点和分析思路，最后整合小组总体看法	20 分钟
小组陈述与辩论	各小组选取一名代表，简明扼要地阐述本小组对案例的分析和对问题的思考，还可将本案例中值得深入思考的问题提出来供全体学生进一步讨论交流。各小组汇报完后，对案例中涉及的问题以及讨论过程中同学提出的观点进行自由辩论，引导学生对运动损伤的治疗与康复有更进一步的理解和掌握	40 分钟
归纳与总结	教师首先应对各小组的讨论学习情况进行点评和总结，提出各小组的优缺点；其次，提出自身对本案例学习的看法，总结膝关节运动损伤的治疗与康复方法，引导学生进一步思考	15 分钟

参考文献

[1]薛博士，杨晓巍，赵建斌，等.不同落地方向及运动疲劳对侧切动作中前交叉韧带损伤风险的影响[J].首都体育学院学报，2023，35(06)：653-662.

[2]王素改，钟亚平.高山滑雪运动损伤特征、影响因素及预防策略研究进展[J].武汉体育学院学报，2019，53(12)：59-67.

[3]涂俊，徐斌.前交叉韧带损伤早期治疗与延期治疗的并发症分析及临床疗效对比[J].中国运动医学杂志，2018，37(07)：558-564.

[4]朱婷，周敬滨，徐昕.组学技术在前交叉韧带损伤研究中的应用[J].体育科学，2021，41(03)：84-90.

第二十章　太极拳中的运动损伤
——以练习姿势不当导致的膝关节疼痛为例

随着社会的发展，人们更加注重个人健康，加入体育社团进行体育锻炼的人也越来越多。但在参加活动的过程中，由于相应知识储备不足或学习方法不当导致的运动损伤也在逐渐增多。本章以太极拳练习过程中的动作姿势不当导致膝关节损伤为例，结合运动生理学、运动解剖学原理分析症状产生的原因，从运动损伤的防治与康复角度出发，为人们提供康复的方法及科学运动的建议。培养体育专业硕士研究生从理论出发分析问题的能力、落实到实际应用上的能力，以及为大众科学健身提供指导的能力。

一、案例背景

太极拳运动是世界上优秀的运动项目，在中国有着悠久的历史和深厚的群众基础。这一运动讲究意、气、身三者相互配合。练习太极拳可以强身健体、修身养性，对练习者的身心健康都有积极的促进作用。太极拳含蓄内敛、行云流水的拳术特点深受大众喜爱，可谓是老少皆宜。

Z 女士退休前一直在社区街道办事处工作，认识了一些热爱运动的好朋友。她们时常邀请 Z 女士一起打太极拳。退休后，Z 女士有更多的闲暇时间，她便每天跟着太极拳社团去公园晨练。虽然之前没参加过什么运动，但是 Z 女士信心满满，每当团里其他人担心她跟不上进度时，她都会表示慢慢学，没问题。在入门的几个月里，Z 女士一直站在大家的后面，模仿技术动作，偶尔有不明白的地方会回家查找视频学习。然而，Z 女士从未想过，练习人人称好的太极拳也会练到身体疼痛。

二、案例正文

(一)疼痛初显

太极拳社团的活动时间是每天早上六点到七点半,每天至少活动一个半小时。有特殊情况没能参加早上太极拳练习的拳友,可以额外加练。初入社团,Z女士热情满满,风雨无阻,每天不到六点就到场地上等候。每打完一套太极拳会休息十几分钟,交流交流经验。偶尔学习新拳法时,进度会慢下来,但考虑到强度问题,休息时间也会相应地减短。

等到太极拳社团的老师开始教新拳法时,Z女士的练习热情日益增长。Z女士心想,这可是跟上大部队脚步的好机会,等学会了这个拳法,她也可以随时打一套行云流水的太极拳。于是在每天学习和练习的过程中,Z女士愈加勤勉,早上晨练回来后,她还要在家里加练半小时。虽然身体上略感疲惫,但学习带来的满足感远远大于练习的疲惫感。

随着练习的人数增多,指导老师无法纠正每个人的技术动作。大众对太极拳导致运动损伤的认识普遍存在一种误解,即太极拳运动讲究以柔克刚、四两拨千斤,运动强度不大,运动速度也缓慢,不会导致运动损伤。因此当Z女士开始感受到膝关节疼痛时,她并没有立刻将其归因于运动损伤,只是单纯觉得是年纪大了,仍然坚持练习。此时的她并没有意识到这种膝关节疼痛可能会引起膝关节炎、滑膜炎、关节囊损伤等疾病。

然而,在学习屈膝重心下移和屈膝重心下移加转体动作时,Z女士明显感觉膝关节不适。每次从右弓步左转成左弓步时,她总感觉动作有点别扭,同时膝盖感到不适。实际上,当练习姿势不正确时,最容易疼痛的部位就是膝盖。在这种情况下,Z女士的脚尖外展,膝关节超过了脚尖,这是一个错误的动作姿势。在接下来的几天晨练中,Z女士连续出现膝关节疼痛的情况。于是,她决定去医院了解具体情况。

(二)症状分析

Z女士来到医院以后,根据导医台的推荐信息,来到骨科就诊,并向科室王医生说明具体情况。①膝关节的疼痛程度较轻,可以忍受,不影响正常生活、睡眠。②平时走路不疼,上下楼梯的时候有点不舒服。③太极拳练习15分钟左右后疼痛程度稍有减轻,若是练习时间过长会再次疼痛,对技术动作略有影响。④平时按压膝关节部位时也会有点疼。引起膝关节疼痛的常见因素有外伤(比如膝内外侧韧带扭伤、半月板损伤等)、退行性病变(骨关节炎、髌骨软化症和风湿受寒等),因此必须确定疼痛致因,疼痛部位究竟是骨头还是半月板、韧带等组织,如此才能对症下药。因此王医生又询问了Z女士的职业、身体活动、家庭病史等基础情况,随后让Z女士先去一楼做个磁共振检查。

做完核磁共振后,Z女士回到骨科诊室。根据诊断结果,结合Z女士的年龄,王医生推断Z女士可能出现了髌骨劳损,这种劳损主要是由于膝关节受力不均匀导致。王医生的父亲是太极拳的爱好者,因此对太极拳他也略知一二。得知Z女士做过屈膝下步类动作后,王医生怀疑,Z女士在做这一技术动作时,膝关节超过了脚尖,导致本该处于屈膝状态的膝关节完全处于伸膝状态。随着动作变换,身体在前移的过程中其关节屈角的差值也进一步增大,膝关节两侧的十字交叉韧带以及大腿后侧的股二头肌会明显受到压力,容易造成损伤。

为进一步确定Z女士的疼痛程度,王医生让Z女士通过长海痛尺形容主观感受,来确定其是否需要参加康复训练。虽然髌骨劳损可以通过保守治疗痊愈,但如果出现持续疼痛以至于影响日常生活时,最好进行康复训练,加快髌骨劳损的恢复。王医生将Z女士的情况上传至医院系统,请Z女士去康复科进行后续治疗。

Z女士听了医生的安排后说:“在医院做康复,来回路上不太方便,有没有其他办法呀?”医生了解了Z女士的顾虑后说:“如果没时间来做理疗的话,也可以自己按摩。具体操作是先两手相搓,搓热手掌,然后用掌心的劳宫穴贴在髌骨上,顺时针、逆时针各揉按49圈即可,力度要轻柔,动作要缓慢。”Z女士试着按了按,确实舒服了不少。医生继续说道:“除了刚刚介绍的按揉髌骨,还可以按摩髌韧带。第二种按摩手法需要用大拇指和其余四指分别按在髌韧带和小腿腘窝处,手指相向拿揉髌韧带和腘窝处的委中穴,力道由小到大,按摩一定的时间。”(见图1和图2所示位置)

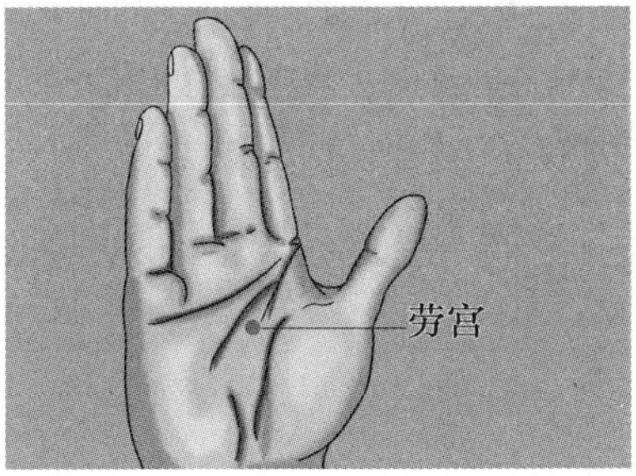

图1

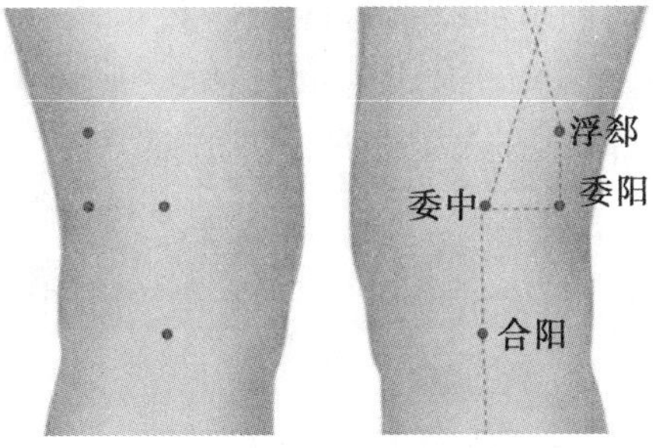

图2

(三)如何科学运动

听到Z女士还有继续参加太极拳练习的意向,康复科医生说:“参加运动没问题,有几个注意事项我跟您说一下,以后运动的时候多注意。”

首先是针对太极拳运动的建议:①Z女士要纠正自己的错误动作,在学习太极拳动作时,不仅要多看,还要多想多问。尽量不要自学,最好是在太极拳老师或者社会体育指导员的指导下学习,学会正确的技术动作。②增强下肢力量,尤其是股四头肌等相关肌群,比如靠墙静力半蹲、夹球训练等方法。改善膝关节的受力,下肢力量增强后,股四头肌可以代偿一部分膝关节的压力,减少股四头肌收缩时产生的向外分力,保持髌骨的相对稳定,从而实现减轻甚至避免膝关节疼痛的目的。

其次是针对一般运动的常规建议,有以下三点:

运动时间:参加运动前要热身,做准备活动;运动结束后要做放松活动,让身体恢复安静状态。准备活动和放松活动的时间以5～10分钟为宜,中间的运动过程控制在1小时左右即可。

运动频率:推荐每周进行3次以上的运动,具体情况视个人身体水平而定。

运动强度:不要突然增加运动强度,达到中等强度即可。此时的心率可以用64%～76%的最大心率来量化,最大心率一般采用“220－年龄”这一公式推算。

(四)结语

科学健身可以实现促进机体健康的目的,不管是何种运动形式,一定要注意动作的细节。如果技术动作全凭个人自学,很容易抓不住动作要点,即便是专业的运动员也会因为没有正确的指引而导致运动损伤,更何况是普通老百姓。因此Z女士决定:以后学习技术动作时,先学习正确的姿势,再慢慢增加训练强度,在保护好自己的前提下,实现强身健体的目的。

三、案例使用说明

(一)教学目的与用途

(1)初步了解运动损伤的类型及原因。

(2)了解运动生理学、运动解剖学、运动损伤的防治与康复的基本知识,熟悉膝关节损伤的原因及症状并提出康复方案。

(二)启发思考题

(1)太极拳练习引起膝关节损伤及疼痛的原因可能有哪些?

(2)根据案例提供的信息,Z女士参加太极拳运动出现运动损伤的主要原因及次要原因有哪些?有哪些康复方法?

(3)从体育硕士专业实践的角度出发,阐述应如何指导群众进行科学健身。

(三)分析思路

使用本案例时,可根据具体课程内容的需求,结合相关的理论与方法,从以下几个方面进行分析。

1.太极拳练习引起膝关节损伤及疼痛的原因

(1)练习者本身的身体条件不足(下肢力量薄弱,在做某些动作时会因为力量不足而导致膝关节代偿部分压力)。

(2)练习的强度过大(没有遵循循序渐进的原则,盲目增加运动强度)。

(3)练习的方式存在问题(学习太极拳的方法不够恰当,动作学习不到位)。

(4)运动项目的特点(从运动生物力学、运动解剖学、运动生理学等角度分析)。

(5)运动知识储备不足(对运动项目的了解不够透彻,没有把握运动的重点和精髓)。

2.Z女士运动损伤的致因及康复方法

(1)主要原因:太极拳练习姿势不当。次要原因:下肢力量不够强,对太极拳运动的了解不够,练习方式上存在一定的误区。

(2)康复方法:应从运动损伤后该部位在不同时期的痛点、疼痛程度、对身体活动的反应等方面观察运动损伤的具体表现。针对本案例中的髌骨劳损,康复方法可以选择以下几个方面:①物理治疗(超声、冲击波;激光、紫外线;冷敷、冰敷;电刺激;运动及压力)。②药物治疗(中药内服、外熏、外洗;中西医联合用药;关节内注射)。③针灸治疗(针灸、电针)。④手术治疗。⑤综合疗法,普及相关康复方法。

3.科学健身

进行科学健身,是实现健身效果最大化的关键。根据本案例的内容,可以由特殊到一般,分析Z女士出现运动损伤的主要原因是动作技术不正确,另外是下肢力量的代偿不够,可以通过增强下肢力量加大对膝关节的代偿。还有以下几点建议：

(1)运动时间：总时间控制在1个小时左右，运动前后要做好准备活动和放松活动。

(2)运动频率：为了实现更好的运动效果，推荐每周进行3次以上运动。

(3)项目特点：太极拳运动主要靠下肢力量的支撑，可以通过增强股四头肌力量，辅以正确的动作练习，减轻膝关节的负荷。初学者不要过于追求套路、好高骛远。要遵循循序渐进的原则，先练扎实基本功，一步一步、稳扎稳打。

(4)运动强度：以中等强度为宜。中等强度为最大心率的64%～76%。在做某些精细动作时，要特别注意动作细节，按照正确的动作进行练习，避免造成运动损伤。

(5)其他：关节疼痛的原因除了外伤，还有可能是关节长时间受凉和温差导致。膝关节表面的脂肪层较薄，且离心脏较远，心脏泵血时到达此处的血液供应相对较少，因此在做太极拳运动时，要特别注意膝关节保暖。

(四)理论依据

1.运动损伤的原因

(1)运动专项技术因素：各运动项目都有其技术特点，人体各部位承担的负荷不同，受力不均衡，所以不同的专项运动可能会对其相应负荷重的部位造成各种损伤。比如太极拳运动对膝关节的损伤。

(2)人体解剖生理因素：人体结构从运动生理学和运动解剖学的角度看，存在一些运动的薄弱部位。在做某些运动时这些部位容易发生损伤，如肩关节、踝关节、半月板、十字交叉韧带等。

(3)思想认识因素：体育运动中发生运动损伤是不可避免的，但运动损伤可以通过规范的动作及运动适量避免。

2.髌骨劳损的典型症状

(1)初期通常无明显感觉，剧烈运动后膝关节出现酸胀或疼痛，休息后不适感可自行消失。

(2)在体育活动开始时膝关节出现局部酸痛，但酸痛部位不明。关节活动开后痛感减轻或消失，活动一段时间后痛感再次出现，疼痛加强。此时若休养一段时间，症状仍可减轻甚至消失。

(3)随着损伤加重，痛感愈发明显，膝关节屈曲痛、上下楼痛，甚至走路都会痛，且某一角度时痛感极为明显。

(4)后期会出现膝过伸疼、半蹲疼、股四头肌萎缩、髌骨周缘压痛、伸膝抗阻疼、髌骨压迫痛、单足半蹲痛、关节积液等症状。

较典型的症状是在膝关节伸直状态下,用手压迫髌骨时,髌尖或髌骨的两上角处会明显感觉压痛且出现髌骨下疼痛;单足站立下蹲的过程中,在某一特定范围膝关节出现明显疼痛。

(五)关键要点

结合本案例,学习运动损伤的表现及康复方法,并引导学生学会运用相关理论做运动损伤的后续管理。

(1)关键知识点:结合本案例,当遇到运动损伤患者时,学会及时采取措施、妥善分析处理问题,掌握运动损伤的防治及康复方法。

(2)关键能力点:具体问题具体分析的能力、随机应变能力、社会实践能力和解决问题的能力。

(六)建议课堂计划

本案例可以在专门的案例讨论课上使用。表1是按照时间进度提供的课程计划建议,可供参考。整个案例课的课堂时间控制在90分钟内。

表1　课程计划

	主要内容	时间安排
问题导入	请学生们在课前初步思考“什么是运动损伤”。请几位学生介绍自己搜索到的运动损伤相关信息,教师做补充介绍,明确本节课的主题,开始本案例的初步自主学习	15分钟
分组讨论	教师提出思考问题,告知学生发言要求,学生自主学习。小组成员对案例现象及其问题展开分析讨论,并阐述个人的观点和分析思路,最后整合小组看法	25分钟
小组陈述与辩论	各小组选取一名代表,简述本小组对案例的分析和对问题的思考,还可将本案例中值得深入思考的问题提出来供全体学生进一步讨论交流。各小组汇报完后,对案例中涉及的问题以及讨论过程中同学提出的观点进行自由辩论,引导学生对运动损伤及康复治疗有更进一步的理解和掌握	30分钟

续表

	主要内容	时间安排
归纳与总结	教师首先应对各小组的讨论学习情况进行点评和总结，提出各小组的优缺点；其次，提出自身对本案例学习的看法，总结如何避免运动损伤，引导学生进一步思考	20分钟

参考文献

[1]朱雅敏.太极拳运动中膝关节损伤机制和预防[J].体育与科学，2002(02):59-60.

[2]高维纬.体育保健学[M].北京：北京体育大学出版社，2011.

[3]石振国.运动与健康[M].济南：山东大学出版社，2022.

[4]黄涛.运动损伤的治疗与康复[M].北京：北京体育大学出版社，2010.